学说闽南话

台盟中央闽南文化研究基地/编著

陈燕玲/编著

图书在版编目（CIP）数据

学说闽南话 / 台盟中央闽南文化研究基地，陈燕玲编著． -- 北京：台海出版社，2018.5
　　ISBN 978-7-5168-1856-5

Ⅰ．①学… Ⅱ．①台… ②陈… Ⅲ．①闽南话 Ⅳ．① H177.2

中国版本图书馆 CIP 数据核字（2018）第 072912 号

学说闽南话

编　　著：台盟中央闽南文化研究基地　陈燕玲	
责任编辑：俞滟荣	装帧设计：彭　彭
版式设计：唐　艳	责任印制：董博然

出版发行：台海出版社
地　　址：北京市东城区景山东街 20 号　　邮政编码：100009
电　　话：010 － 64041652（发行，邮购）
传　　真：010 － 84045799（总编室）
网　　址：http://www.taimeng.org.cn/thcbs/default.htm
E-mail：thcbs@126.com

经　销：全国各地新华书店
印　刷：北京毅峰迅捷印刷有限公司
本书如有破损、缺页、装订错误，请与本社联系调换

开　本：787mm×1092mm　　1/16	
字　数：230 千字	印　张：13.25
版　次：2018 年 5 月第 1 版	印　次：2018 年 5 月第 1 次印刷
书　号：ISBN 978-7-5168-1856-5	

定　价：68.00 元

版权所有　　翻印必究

序 言

千百年前,从闽台两地舟楫往返开始,我们的先辈为谋生计、求发展,横渡海峡至澎湖再到台湾,辗转颠沛,不惮艰辛。在这片富饶之地,他们以勤劳与智慧,开创新天,在精神家园里,他们以赤子心与祖根情,接续传统,纵然已经海天茫茫,关山万里,却依然是鬓毛丝,乡音终不改。

直至今日,原乡的闽南语仍旧是台湾民众的主要生活用语,表辞达意,抒发情感的同时,也叙说着两岸源远流长的不解情缘,连接起海峡之间薪火相传、生生不息的精神纽带。随着海上丝绸之路的延展,闽南语继而走向东南亚和世界各地,成为一种跨区域、跨国界的语言。

以闽南语的传播推动闽南文化的记忆与传承,是台盟盟员,特别是福建地区盟员一直关心、关注的课题,而以闽南语的交流密切两岸、乃至世界各地闽南族群的沟通与理解,更是我们全盟的共识和努力方向。习近平总书记曾在走访台盟中央机关时,特别鼓励台盟的同志要学好闽南语,充分发挥乡情亲情优势,运用好语缘纽带作用,增进台湾同胞与祖国大陆的情感亲切感、文化认同感和族群归属感。设立于台胞主要祖籍地——泉州的台盟中央闽南文化

 学说闽南话

交流研究基地,依托泉州师范学院的资源优势,胸怀习总书记的殷殷嘱托,将编写出版《学说闽南话》培训学习工具书的设想,踏踏实实,认认真真付诸实践,并在台海出版社的积极支持下,不日便将付之梨枣。

众所周知,方言语音本没有专门的统音标准,南腔北调是方言的现实。闽南语亦如此。泉州鲤城音一直被广泛认可为历史上早期闽南语的代表,编写组以此为教材标准音或可为更多专业人士所接受。当然,在具体教学中,大可灵活处理,不必过分拘泥。考虑到语言学习的特殊性,编写组还充分利用台盟中央网站平台,为读者提供网上下载全书语音信息的便利,以助视听学习。

拿到教材书稿,新春已焕勃发之意。想到会有更多台盟的盟员、干部以及对台工作者们藉此认识闽南语、了解闽南语、使用闽南语,不胜欣慰。对台工作中,顺畅的语言交流可以跨过藩篱,逾越鸿沟,让亲情更浓,乡情更近,让彼此距离缩短,达成心灵契合。

进而,又可能有更多语言学爱好者和文化学者藉此探究闽南文化的源流,传播其优秀传统,弘扬其时代精神,展示其丰富意蕴,更坚定吾辈之文化自信。青山行不尽,绿水去何长。希望我们点滴努力的萤烛之辉,亦能点亮中华文化的璀璨之光,照耀民族伟大复兴的前程。

2017年3月

教材阅读指引

教材阅读指引

一、教材主体介绍

本教材是闽南语入门习得的简易读本，共有课文 12 篇，每篇设有生词、语法点、语音和句子练习。为使教学更显生动、有趣，内容易学、实用，课文采用场景对话方式，角色背景如下：

冬梅：家住在大陆，居住泉州老城区。

平安：家住台湾，主要在大陆做生意，与冬梅是朋友。

陈老师：冬梅的老师。

小丽：平安的女儿，曾经两次随台湾夏令营到大陆来。

建阳：冬梅的儿子，曾经到台湾做交流生一年。

小丽和建阳是同龄人，也是好朋友。

教材还附录闽南语的声韵调系统、常用生活用语、闽台谚语、闽南语常用词语等。

二、标音与用字

闽南语是跨区域的汉语方言，不同地域之间都会有音色和腔调的差异。泉州是闽南族群的发源地，也是台湾闽南族群的主要祖籍地；泉州话是早期闽南语的代表。本教材选择泉州的鲤城音作为标准音，以国际音标作为本教材的注音方式。在教材中，除为每句闽南语标注音标外，还写出相应的普通话的表述方式,以帮助学习者理解话语意思。

闽南语没有自己专门的文字,教材在方言用字上能使用本字的就使用本字,一般情况下则选择方言俗字、借音字或同义字。

三、闽南方音特征说明

1. 声母较少。没有普通话的唇齿音 f、舌尖后音 zh、ch、sh、r 和舌面前音 j、q、x。

2. 韵母较多。与普通话比,闽南语没有撮口呼;除了 an、ang,还有 am。也就是说不仅有普通话的-n、-ng,还保留古代的-m。闽南语 ng、m 可以自成音节和直接做韵母。闽南语有入声韵,分别为-p、-t、-k,以及喉塞音-ʔ,闽南语还有一组鼻化音,普通话也没有,如:ĩ、ã、ũ 等。从闽南地区看,厦漳泉语音有一些差别。例如,泉州话的单元音 ɯ,厦门话读 u,漳州话读 i。

3. 声调较复杂。保留古代四声八调格局,有七个调。

四、教学

本书是学说闽南语的速成教材,每篇课文 3 课时,教学总时数为 36 课时,由于方言语音一般都未经规范,同一方言区的不同乡里都会有腔调之别;闽南语也不例外。所以,教材注音重在告诉一种样式,不影响教学过程中使用厦门音、台北音或相近的闽南语音。为方便课后自学,我们还专门配置网上辅助学习系统,具体详见有关说明。

目 录

序言……………………………………………………1

教材阅读指引…………………………………………1

第一课　问候…………………………………………1

第二课　称呼…………………………………………12

第三课　饮食…………………………………………21

第四课　起居…………………………………………31

第五课　询问…………………………………………40

第六课　旅游…………………………………………49

第七课　购物…………………………………………59

第八课　时节…………………………………………71

第九课　读册（读书）………………………………80

第十课　看病…………………………………………91

第十一课　娱乐………………………………………101

第十二课　工作………………………………………112

附录一：闽南语声、韵、调系统……………………121

附录二：常用生活用语……………………123
附录三：闽台谚语……………………………129
附录四：闽南语分类词表……………………159
后记……………………………………………200

第一课 问候
te⁴¹ it⁵ kho⁴¹　bun⁴¹ hio⁴¹

一　新年问好
it⁵　sin³³ nĩ²⁴ bŋ⁴¹ ho⁵⁵

冬梅：新年好！平安，共汝拜年咯！
sin³³ lĩ²⁴ ho⁵⁵! piŋ²⁴ an³³, kaŋ⁴¹ lɯ⁵⁵ pai⁴¹ lĩ²⁴ lɔ⁰!
（新年好！平安，给你拜年了！）
祝汝新年发大财。
tsiɔk⁵ lɯ⁵⁵ sin³³ lĩ²⁴ huat⁵ tua⁴¹ tsai²⁴.
（祝你新年发大财。）

平安：道谢！道谢！逐个好！
tɔ²² sia⁴¹! tɔ²² sia⁴¹! tak²⁴ ge²⁴ ho⁵⁵!
（多谢！多谢！大家都好！）
也祝汝全家新年平安康健、财源滚滚。
a²² tsiɔk⁵ lɯ⁵⁵ tsuan²⁴ ke³³ sin³³ lĩ²⁴ piŋ²⁴ an³³ khɔŋ³³ kian⁴¹、tsai²⁴ guan²⁴ kun⁵⁵ kun⁵⁵.
（也祝你全家新年平安健康、财源滚滚。）

冬梅：道谢！汝若倒来大陆着共我说一下。

tɔ²²sia⁴¹! lɯ⁵⁵ lã²² to⁴¹ lai²⁴ tai⁴¹ liɔk²⁴ tioʔ²⁴ kaŋ⁴¹ gua⁵⁵ səʔ⁵ tsit²⁴ e⁰.

（谢谢！你如果回到大陆要告诉我一下。）

平安：一定一定！ 再见！
it⁵ tiŋ⁴¹ it⁵ tiŋ⁴¹! tsai⁴¹ kian⁴¹!

（一定一定！再见！）

二 朋友问好

li⁴¹ piŋ²⁴ iu⁵⁵ bŋ⁴¹ ho⁵⁵

冬梅：平安，汝好！
piŋ²⁴ an³³, lɯ⁵⁵ ho⁵⁵!

（平安，你好！）

野久无拄着汝咯！
ia⁵⁵ ku⁵⁵ bo²⁴ tu⁵⁵ tioʔ²⁴ lɯ⁵⁵ lɔ⁰!

（好久没遇见你了！）

平安：是啊，会记得顶摆拄着汝是五年前咯。
si²² a⁰, e²² ki⁴¹ tit⁵ tiŋ⁵⁵ pai⁵⁵ tu⁵⁵ tioʔ⁰ lɯ⁰ si²² gɔ²² lĩ²⁴ tsuĩ²⁴ lɔ⁰.

（是啊，记得上次见到你是五年前了。）

冬梅：时间过得真快！
si²⁴kan³³ kə⁴¹ tit⁵ tsin³³ kin⁵⁵!

2

第一课 问候

（时间过得真快！）

汝甚乜时节斡倒来大陆？

lɯ⁵⁵ siam⁵⁵ mĩʔ⁵ si²⁴ tsueʔ⁵ uat⁵ to⁴¹ lai²⁴ tai⁴¹ liɔk²⁴?

（你什么时候回来大陆？）

平安：我中秋节倒来。

gua⁵⁵ tiɔŋ³³ tshiu³³ tsiat⁵ to⁴¹ lai⁰.

（我中秋节回来。）

即个是阮查某仔小丽。

tsit⁵ ge²⁴ si²² gun³³ tsa³³ bɔ⁵⁵ a⁵⁵ sio⁵⁵ le⁴¹.

（这是我的女儿小丽。）

小丽，即个阿姨是爸爸的朋友。

sio⁵⁵ le⁴¹, tsit⁵ ge²⁴ a³³ i²⁴ si²² pa²⁴ pa²⁴ e²⁴ piŋ²⁴ iu⁵⁵.

（小丽，这位阿姨是爸爸的朋友。）

冬梅：平安，你真有福气！

piŋ²⁴ an³³, lɯ⁵⁵ tsin³³ u²² hɔk⁵ khi⁴¹!

（平安，你真有福气！）

恁查某仔真水哦！

lin⁵⁵ tsa³³ bɔ⁵⁵ a⁵⁵ tsin³³ sui⁵⁵ ɔ⁰!

（你女儿很漂亮！）

平安：道谢！

tɔ²² sia⁴¹!

（谢谢！）

三　师生问好
sã³³　sɯ³³ sŋ³³ bŋ⁴¹ ho⁵⁵

冬梅：陈先，汝好！
tan²⁴ sian⁰, lɯ⁵⁵ ho⁵⁵!
（陈老师，您好！）

陈老师：汝好！请问汝是……
lɯ⁵⁵ ho⁵⁵! tshiã⁵⁵ bŋ⁴¹ lɯ⁵⁵ si²²……
（你好！请问你是……）

冬梅：我是冬梅，是汝的学生。
gua⁵⁵ si²² tɔŋ³³ buĩ²⁴, si²² lɯ⁵⁵ e²² hak²⁴ sŋ³³.
（我是冬梅，是您的学生。）

汝赡记得咯?
lɯ⁵⁵ bue²² ki⁴¹ lit⁰ lɔ⁰ ?
（您忘了？）

陈老师：会记得，会记得。
e²² ki⁴¹ lit⁰, e²² ki⁴¹ lit⁰.
（记得记得。）

汝看，汝都喝大汉咯。

第一课 问候

lɯ⁵⁵ khuã⁴¹, lɯ⁵⁵ tɔ³³ huaʔ⁵ tua⁴¹ han⁴¹ lɔ⁰.
（你看，你都那么大了。）

冬梅：是啊，陈先，时间过得真快。
si²² a⁰, tan²⁴ sian⁰, si²⁴ kan³³ kə⁴¹ tit⁵ tsin³³ kin⁵⁵.
（是啊，陈老师，时间过得很快。）
汝好唔？
lɯ⁵⁵ ho⁵⁵ m⁰?
（您好吗？）

陈老师：野好！我旧年退休咯，
ia⁵⁵ ho⁵⁵！gua⁵⁵ ku⁴¹ lĩ²⁴ thə⁴¹ hiu³³ lɔ⁰,
（很好！我去年退休了，）
即阵仛老年大学学书法佮国画。
tsit⁵ tsun⁴¹ tɯ²² lɔ̃⁵⁵ lian²⁴ tua⁴¹ oʔ²⁴ oʔ²⁴ sɯ³³ huat⁵ kap⁵ kɔk⁵ ue⁴¹.
（现在在老年大学学书法和国画。）

冬梅：陈先，汝也跕仛即个小区，是唔？
tan²⁴ sian⁰, lɯ⁵⁵ a²² tiam⁴¹ tɯ²² tsit⁵ ge²⁴ sio⁵⁵ khu³³, si²² m⁰?
（陈老师，您也住在这个小区，是吗？）

陈老师：是啊，我旧年搬来，
si²² a⁰, gua⁵⁵ ku⁴¹ lĩ²⁴ puã³³ lai⁰,

（是啊，我去年搬来，）
即搭有电梯较方便。
tsit⁵ taʔ⁵ u²² tian⁴¹ thui³³ kha⁴¹ hɔŋ³³ pian⁴¹.
（这里有电梯比较方便。）

冬梅： 我徛伫 5 号楼 701 室,
gua⁵⁵ kha²² tɯ²² gɔ²² ho⁴¹ lau²⁴ tshit⁵ liŋ²⁴ it⁵ siak⁵,
（我住在 5 号楼 701 室，）
以后会不时拄着汝。
i⁵⁵ au²² e²² but⁵ si²⁴ tu⁵⁵ tioʔ⁰ lɯ⁰.
（以后会常常遇到您。）
汝即阵卜去哪落？
lɯ⁵⁵ tsit⁵ tsun⁴¹ bəʔ⁵ khɯ⁴¹ to⁵⁵ loʔ⁵?
（您现在要去哪儿？）

陈老师： 我卜去威远楼,
gua⁵⁵ bəʔ⁵ khɯ⁴¹ ui³³ uan⁵⁵ lau²⁴,
（我要去威远楼，）
迄搭正咧举办一个书法展,
hit⁵ taʔ⁵ tsiã⁴¹ ləʔ⁵⁵ kɯ⁵⁵ pan⁴¹ tsit²⁴ ge²⁴ sɯ³³ huat⁵ tian⁵⁵,
（那儿正在举办一个书法展，）
过去看一下。
kə⁴¹ khɯ⁴¹ khuã⁴¹ tsit⁰ e⁰.
（过去看一下。）

第一课 问候

冬梅：我拄好卜去威远楼，载汝去。

gua⁵⁵ tu⁵⁵ ho⁵⁵ bə⁵ khɯ⁴¹ ui³³ uan⁵⁵ lau²⁴, tsai⁴¹ lɯ⁵⁵ khɯ⁴¹.

（我正好要去威远楼，载您去。）

陈老师：太好咯，道谢！

thai⁴¹ ho⁵⁵ lɔ⁰, tɔ²² sia⁴¹.

（太好了，谢谢！）

课后练习

1. 认识语词，并用词语说句：

汝好	lɯ⁵⁵ ho⁵⁵	你好；您好
拜年	pai⁴¹ li²⁴	拜年
发大财	huat⁵ tua⁴¹ tsai²⁴	发大财
逐个	tak²⁴ ge²⁴	大家
康健	khɔŋ³³ kian⁴¹	健康
财源滚滚	tsai²⁴ guan²⁴ kun⁵⁵ kun⁵⁵	财源滚滚
拄着	tu⁵⁵ tioʔ⁰	遇见
哪落	to⁵⁵ loʔ⁵	哪儿
迄搭	hit⁵ taʔ⁵	那儿
即个	tsit⁵ ge²⁴	这个
野好	ia⁵⁵ ho⁵⁵	很好
查某仔	tsa³³ bɔ⁵⁵ a⁵⁵	女儿
旧年	ku⁴¹ li²⁴	去年

7

书法	sɯ³³ huat⁵	书法
老年大学	lõ⁵⁵ lian²⁴ tua⁴¹ oʔ²⁴	老年大学
威远楼	ui³³ uan⁵⁵ lau²⁴	威远楼
陈先	tan²⁴ sian⁰	陈老师；陈医生
喝	huaʔ⁵	那么
时节	si²⁴ tsueʔ⁵	时候
真水	tsin³³ sui⁵⁵	很漂亮

2. 语法点：闽南语的代词

闽南语的代词可以分成以下几类：

第一大类：人称代词

闽南语的人称代词有第一人称、第二人称和第三人称之分，还有单数和复数之分。具体如下表：

	单数	复数
第一人称	我（我）	阮（我们、我） 伫（咱们、我们）
第二人称	汝（你、您）	恁（你们、你）
第三人称	伊（他、她）	伊（他们）

第二大类：指示代词

闽南语的指示代词按照时间和空间的距离可分为近指和远指。具体如下表：

	单数	复数
近指	即（这）	拙个（这些）
远指	迄（那）	喝个（那些）

在语义上可以表示处所、方式、时间和性状等。

A. 表处所：

近指	远指
即搭（这里）	迄搭（那里）
即迹（这里）	迄迹（那里）
即位（这里、这儿）	迄位（那里、那儿）

B. 表方式：

近指	远指
即样（这样）	迄样（那样）
即种 种牙（这种）	迄种响个（那种）
安尔（这样）	

C. 表时间：

近指	远指
即时（这时）	迄时（那时）
即摆（这次）	迄摆（那次）
即阵（这时候）	迄阵（那时候）
即过（这次）	迄过（那次）

D. 表性状

近指	远指
即种（这种）	迄种（那种）
拙（这么）	喝（那么）

3. 语音延伸：闽南语的七个声调

普通话中有四个声调，阴平、阳平、上声和去声，也就是我们通常说的第一声、第二声、第三声和第四声，调值分别是 55、35、214、51。闽南语里有七个声调，与普通话差别较大，这七个声调分别是：

调类　　调值　　　例字

阴平 —— 33 —— 诗 尊 低 边

阳平 —— 24 —— 时 才 寒 神

阴上 —— 55 —— 煮 走 好 手

阳上 —— 22 —— 自 坐 抱 厚

去声 —— 41 —— 去 变 抗 唱

阴入 —— <u>5</u> —— 压 湿 福 割

阳入 —— <u>24</u> —— 合 月 入 麦

学习闽南语的声调，主要是要发好入声调，即 <u>5</u> 和 <u>24</u> 调。我们要认真体会入声"读音短促,一发即收"的特点。请再发以下入声字：

月、八、答、发、敌、出、七、十、只、汁、桌、舌

4、句子练习

（1）伲礼拜日来去厦门佚佗。（我们星期天去厦门

玩。)

即礼拜无闲,下礼拜则去。(这星期没空,下周再去。)

(2) 即领衫拙红,汝敢穿唔?(这件衣服这么红,你敢穿吗?)

即领伤红,迄领较水。(这件太红了,那件比较漂亮。)

(3) 即个所在野清气。(这个地方很干净。)

是啊,逐日有人扫。(是啊,天天有人打扫。)

(4) 我一日睏五点钟。(我一天睡五个小时。)

安尔伤少。(这样太少了。)

(5) 汝佮我做阵去买菜。(你和我一起去买菜。)

好啊,伨做阵行。(好啊,我们一起走。)

第二课　　称　呼
te⁴¹ li⁴¹ kho⁴¹　　tshiŋ³³ hɔ³³

一　厝里人（家里人）
it⁵　　tshu⁴¹ lai²² laŋ²⁴

平安： 汝好，冬梅，今仔日有闲无？
　　　　lɯ⁵⁵ ho⁵⁵, tɔŋ³³ buĩ²⁴, kin³³ lã⁵⁵ lit²⁴ u²² uĩ²⁴ bo⁰?
　　　　（你好，冬梅，今天有空吗？）

冬梅： 有啊，今仔日周末，无出门。
　　　　u²² a⁰, kin³³ lã⁵⁵ lit²⁴ tsiu³³ buat²⁴, bo²⁴ tshut⁵ bŋ²⁴.
　　　　（有啊，今天周末，没有出门。）

平安： 暗晡去恁厝里会方便觞？
　　　　am⁴¹ pɔ³³ khɯ⁴¹ lin⁵⁵ tshu⁴¹ lai²² e²² hɔŋ³³ pian⁴¹ bue²²?
　　　　（下午到你家里方便吗？）

冬梅： 好啊，非常欢迎！
　　　　ho⁵⁵ a⁰, hui³³ siɔŋ²⁴ huan³³ giŋ²⁴!
　　　　（好啊，非常欢迎！）

第二课 称呼

平安：好，我暗晡三点外钟到汝厝里。

ho⁵⁵, gua⁵⁵ am⁴¹ pɔ³³ sã³³ tiam⁵⁵ gua⁴¹ tsiŋ³³ kau⁴¹ lɯ⁵⁵ tshu⁴¹ lai²².

（好，我下午三点多到你家。）

（下午三点）

冬梅：入来入来，我来介绍一下，

lip²⁴ lai⁰ lip²⁴ lai⁰, gua⁵⁵ lai²⁴ kai⁴¹ siau⁴¹ tsit⁰ e⁰,

（请进请进，我来介绍一下，）

即个是阮乾官，

tsit⁵ ge²⁴ si²² gun⁵⁵ ta³³ kuã³³,

（这位是我的公公，）

即个是阮乾家。

tsit⁵ ge²⁴ si²² gun⁵⁵ ta³³ ke³³。

（这位是我的婆婆。）

平安：阿伯阿姆好！

a⁵⁵ peʔ⁵ a⁵⁵ m⁵⁵ ho³³！

（叔叔阿姨好！）

冬梅：爸、妈，即个是我的朋友平安，台湾人。

pa²⁴、bã²⁴, tsit⁵ ge²⁴ si²² gua⁵⁵ e⁰ piŋ²⁴ iu⁵⁵ piŋ²⁴ an³³, tai²⁴ uan²⁴ laŋ²⁴.

13

（爸、妈，这是我的朋友平安，台湾人。）

冬梅的公公：请坐请坐，冬梅汝泡茶。
　　　　　　　tshiã⁵⁵ tsə²² tshiã⁵⁵ tsə²², tɔŋ³³ buĩ²⁴ lɯ⁵⁵ phau⁴¹ te²⁴.
　　　　　　　（请坐请坐，冬梅你泡茶。）

二　家族成员
li⁴¹　　ka³³ tsɔk²⁴ siŋ²⁴ guan²⁴

平安的母亲：平安，食糜咯。
　　　　　　　piŋ²⁴ an³³, tsiaʔ²⁴ bãi³³ lɔ⁰.
　　　　　　　（平安，吃饭了。）

平安：妈，呣免急，阿兄野未倒来。
　　　　bã²⁴, m⁴¹ bian⁵⁵ kip⁵, a⁵⁵ hiã³³ ia⁵⁵ bə⁴¹ to⁴¹ lai⁰.
　　　　（妈，不用着急，大哥还没回来。）

平安的母亲：恁阿兄去恁阿舅咧，呣倒来食咯。
　　　　　　　lin⁵⁵ a⁵⁵ hiã³³ khɯ⁴¹ lin⁵⁵ a⁵⁵ ku²² lə⁰, m⁴¹ to⁴¹
　　　　　　　lai²⁴ tsiaʔ²⁴ lɔ⁰.
　　　　　　　（你大哥去你舅舅家，不回来吃饭了。）
　　　　　　　今仔日恁阿妗生日。
　　　　　　　kin³³ lã⁵⁵ lit²⁴ lin⁵⁵ a⁵⁵ kim³³ sĩ³³ lit²⁴.
　　　　　　　（今天你舅妈的生日。）

第二课 称呼

平安：顶礼拜听表哥说咯，
　　　tiŋ^{55} le^{55} pai^{41} thiã^{33} piau^{55} hiã^{33} sə$ʔ^5$ lɔ^0,
　　　（上周听表哥说了，）
　　　我煞呛记得买一项礼物。
　　　gua^{55} sua$ʔ^5$ bue^{22} ki^{41} lit^5 bue^{55} tsit^{24} haŋ^{33} le^{55} but^{24}.
　　　（我都忘了买一件礼物了。）

平安的母亲：呛要紧，恁阿兄共汝买去咯。
　　　　　　bue^{22} iau^{41} kin^{55}, lin^{55} a^{55} hiã^{33} kaŋ^{41} lɯ^{24}
　　　　　　bue^{55} khɯ^{41} lɔ^0.
　　　　　　（没关系，你哥哥帮你买去了。）

平安：安尼好，无就失礼咯。
　　　an^{33} li^{33} ho^{55}, bo^{24} tsiu^{41} sit^5 le^{55} lɔ^0.
　　　（这样好，要不然就失礼了。）

平安的母亲：来食哦，
　　　　　　lai^{24} tsia$ʔ^{24}$ ɔ^0,
　　　　　　（来吃饭吧，）
　　　　　　等咧佮我去机场接恁阿叔佮阿婶。
　　　　　　tan^{55} lə^0 kap^5 gua^{55} khɯ^{41} ki^{33} tiũ^{24} tsiap^5 lin^{55}
　　　　　　a^{55} tsiak^5 kap^5 a^{55} tsim^{55}.
　　　　　　（等会儿跟我去机场接你叔叔和婶婶。）

15

平安：好啊，好啊！

　　　ho⁵⁵ a⁰, ho⁵⁵ a⁰!

　　　（好啊，好啊！）

三　生份人（陌生人）
sã³³　sĩ³³　hun⁴¹　laŋ²⁴

平安：阮台湾人拄着老人计叫"阿伯"、"阿姆"。

　　　gun⁵⁵ tai²⁴ uan²⁴ laŋ²⁴ tu⁵⁵ tioʔ²⁴ lau²² laŋ²⁴ ke⁴¹ kio⁴¹

　　　"a⁵⁵ peʔ⁵"、"a⁵⁵ m⁵⁵"。

　　　（我们台湾人遇到老人家都叫"阿伯"、"阿姆"。）

冬梅：泉州人也安尼叫，

　　　tsuan²⁴ tsiu³³ laŋ²⁴ a²² an³³ lĩ³³ kio⁴¹,

　　　（泉州人也这样称呼，）

　　　安尼野亲切，

　　　an³³ lĩ³³ ia⁵⁵ tshin³³ tshiat⁵,

　　　（这样很亲切，）

　　　表示对老人的一种尊重。

　　　piau⁵⁵ si⁴¹ tui⁴¹ lau²² laŋ²⁴ e⁰ tsit²⁴ tsiɔŋ⁵⁵ tsun³³ tiɔŋ²².

　　　（表示对老人的一种尊重。）

16

第二课 称呼

平安：伫大陆，对囝仔会做得叫"小朋友"，
tɯ²² tai⁴¹ liɔk²⁴,tui⁴¹ kan⁵⁵lã⁵⁵ e²² tsue⁴¹ lit⁵ kio⁴¹
"sio⁵⁵ piŋ²⁴ iu⁵⁵",
（在大陆，对孩子可以称呼做"小朋友"，）
表示一种疼痛，是呣？
piau⁵⁵ si⁴¹ tsit²⁴ tsiɔŋ⁵⁵ thiã⁴¹ thaŋ⁴¹, si²²m⁰?
（表示一种疼爱，是吗？）

冬梅：是。对乾埔人会做得叫做"师傅"也是"先生"，
si²². tui⁴¹ ta³³ pɔ³³ laŋ²⁴ e²² tsue⁴¹ lit⁵ kio⁴¹ tsue⁴¹ "sai³³
hu²²" a⁵⁵ si²² "sian³³ sĩ³³",
（是。对男的可以称作 "师傅"或者"先生"，）
对查某会做得叫作"女士"也是"小姐"。
tui⁴¹ tsa³³ bɔ⁵⁵ e²² tsue⁴¹ lit⁵ kio⁴¹ tsue⁴¹ "lɯ⁵⁵ sɯ²²" a⁵⁵
si²² "sio⁵⁵ tsia⁵⁵".
（对女的可以称作"女士"或者"小姐"。）

平安：台湾无叫人"师傅"，
tai²⁴ uan²⁴ bo²⁴ kio⁴¹ laŋ²⁴ "sai³³ hu²²",
（台湾没有叫"师傅"，）
计是叫"先生"、"小姐"，
ke⁴¹ si²² kio⁴¹ "sian³³ sĩ³³"、"sio⁵⁵ tsia⁵⁵",
（都是叫"先生"、"小姐"，）
有时也有用"大咖"。

u²² si²⁴ a²² u²² iŋ⁴¹" tua⁴¹ kha³³".

（有时也用 "大咖"。）

课后练习
1.认识语词，并用词语说句：

阮	gun⁵⁵	我们；我
今仔日	kin³³ lã⁵⁵ lit²⁴	今天
有闲	u²² uĩ²⁴	有空
乾官	ta³³ kuã³³	公公
乾家	ta³³ ke³³	婆婆
朋友	piŋ²⁴ iu⁵⁵	朋友
阿叔	a⁵⁵ tsiak⁵	叔叔
阿婶	a⁵⁵ tsim⁵⁵	婶婶
阿舅	a⁵⁵ ku²²	舅舅
阿妗	a⁵⁵ kim³³	舅妈
阿兄	a⁵⁵ hiã³³	哥哥
阿伯	a⁵⁵ peʔ⁵	伯伯
乾埔	ta³³ pɔ³³	男人；男性
查某	tsa³³ bɔ⁵⁵	女人；女性
女士	lɯ⁵⁵ sɯ²²	女士
小姐	sio⁵⁵ tsia⁵⁵	小姐
师傅	sai³³ hu²²	师傅
大咖	tua⁴¹ kha³³	大咖；达人

2.语法点：疑问代词与疑问句

疑问代词是表示疑问的代词，可以问人、事物、处所、时间、数量、原因等。闽南语的疑问词包括：

问人	问事物	问处所	问时间	问数量	问原因
啥人（谁）甚乜人（什么人）哪落一个（哪一个）	甚乜代志（什么事情）甚乜物件（什么东西）	哪落（哪里）甚乜所在（什么地方）	底时（什么时候）偌久（多久）	几几个（几个）偌济（多少）	障仔（怎么）

闽南语中有几个常见的疑问句式

有——无？　会——觞？　　　是——也是——？

如：

汝有去厦门无？（你去厦门了吗？）

今仔日会落雨觞？（今天会下雨吗？）

伊是老师也是医生？（他是老师还是医生？）

汝亻于学堂咧有经常看册无？（你在学校经常看书吗？）

3.语音延伸：闽南语的14个声母

闽南语中有14个声母，这14个声母和例词如下，请跟读：

p 边布步变　　ph 普批被品　　b 文米没面　　t 地端夺重

th 他透太彻　　l 柳难兰连　　ts 争精船节　　tsh 出清秋仓

s 时修税线　　k 求见贵跪　　kh 气溪开困　　g 语雅我元

h 喜灰符虎　　ø 英围运延　（零声母）

4、句子练习

(1) 汝卜去哪落？（你要去哪里？）
　　我卜去泉州。（我要去泉州。）

(2) 伊是汝的甚乜人？（他是你的什么人？）
　　伊是我的老师。（他是我的老师。）

(3) 汝踮仃哪落？（你住在哪里？）
　　我踮仃台北。（我住在台北。）

(4) 汝厝内有偌济人？（你家里有多少人？）
　　有五十几个。（家里有五十几个人。）

(5) 汝若会驳倒？（你为什么会摔倒？）
　　踏空滑去咯。（踩空滑倒了。）

(6) 今仔日有闲无？（今天有空吗？）
　　今仔日厝里有人客来，无闲。（今天家里来客人，没空。）

第三课　　饮　食
te⁴¹ sã³³ kho⁴¹　im⁵⁵ sit²⁴

一　泉州饮食
it⁵　tsuan²⁴ tsiu³³ im⁵⁵ sit²⁴

平安：冬梅，我五一卜去泉州佚佗，
tɔŋ³³buĩ²⁴, gua⁵⁵gɔ²²it⁵bəʔ⁵khɯ⁴¹tsuan²⁴tsiu³³thit⁵ tho²⁴
（冬梅，我想五一节想去泉州玩玩，）
汝有闲无？
lɯ⁵⁵ u²² uĩ²⁴ bo⁰?
（你有空吗？）

冬梅：有啊，汝清采时来，我计有闲，
u²² a⁰, lɯ⁵⁵ tshin⁴¹ tshai⁵⁵ si²⁴ lai²⁴, gua⁵⁵ ke⁴¹ u²² uĩ²⁴,
（有啊，你随时来，我都有空，）
带汝好好佚一下。
tua⁴¹ lɯ⁵⁵ ho⁵⁵ ho⁵⁵ thit⁵ tsit⁰ e⁰.
（带你好好玩玩。）

平安：太好咯！
thai⁴¹ ho⁵⁵ lɔ⁰！
（太好了！）

我听说泉州有真济好食的。
gua⁵⁵ thiã³³ sɔʔ⁵ tsuan²⁴ tsiu³³ u²² tsin³³ tsue⁴¹ ho⁵⁵ tsiaʔ²⁴ e⁰.
（我听说泉州有很多好吃的。）

冬梅： 是，有野济小食，
si²², u²² ia⁵⁵ tsue⁴¹ sio⁵⁵ tsiaʔ²⁴,
（是，有很多小吃，）
亲像面干糊、蚝仔煎、肉粽、牛肉羹、鱼卷。
tshin³³ tshiũ²² mĩ⁴¹ kuã³³ kɔ²⁴、o²⁴ a⁵⁵ tsian³³、hiak²⁴ tsaŋ⁴¹、gu²⁴ hiak²⁴ kĩ³³、hɯ²⁴ kŋ⁵⁵.
（如面线糊、海蛎煎、肉粽、牛肉羹、鱼卷。）

平安： 听说晋江安海的涂笋冻诚有名？
thiã³³ sɔʔ⁵ tsin⁴¹ kaŋ³³ uã³³ hai⁵⁵ e⁰ thɔ²⁴ sun⁵⁵ taŋ⁴¹ tsiã²⁴ u²² biã²⁴?
（听说晋江安海的土笋冻很有名？）

冬梅： 是啊，只卜汝想食，
si²² a⁰, tsi⁵⁵ bəʔ⁵ lɯ⁵⁵ siũ²² tsiaʔ²⁴,
（是啊，只要你想吃，）
我计带汝去。
gua⁵⁵ ke⁴¹ tua⁴¹ lɯ⁵⁵ khɯ⁴¹.
（我都带你去。）

二　台湾饮食
li^{41}　　tai^{24} uan^{24} im^{55} sit^{24}

平安：冬梅，暗暝伯来去士林夜市食小食。
　　　　tɔŋ^{33} buĩ^{24}, am^{41} bĩ^{24} lan^{55} lai^{24} khɯ^{41} sɯ^{41} lim^{24} ia^{41} tshi^{22} tsiaʔ^{24} sio^{55} tsiaʔ^{24}.
　　　　（冬梅，晚上我们去士林夜市吃小吃。）

冬梅：好啊！我听说台湾的美食野济。
　　　　ho^{55} a^{0}! gua^{55} thiã^{33} sɤʔ^{5} tai^{24} uan^{24} e^{0} bi^{55} sit^{24} ia^{55} tsue^{41}.
　　　　（好啊！我听说台湾的美食很多。）

平安：是啊，台湾的美食有一些佮大陆厮同，
　　　　si^{22} a^{0}, tai^{24} uan^{24} e^{0} bi^{55} sit^{24} u^{22} tsit^{24} e^{41} kap^{5} tai^{41} liɔk^{24} sã^{33} saŋ^{24},
　　　　（是啊，台湾的美食有一些与大陆一样，）
　　　　也有一些是大陆无的。
　　　　a^{22} u^{22} tsit^{24} e^{41} si^{22} tai^{41} liɔk^{24} bo^{24} e^{0}.
　　　　（也有些是大陆没有的。）

　　　　（到士林夜市）

冬梅：哇，拙闹热啊！

ua⁵⁵, tsuaʔ⁵ lau⁴¹ liat²⁴ a⁰!
（哇，这么热闹啊！）

平安：汝看，即是大肠包肠仔，
lɯ⁵⁵ khuã⁴¹, tsit⁵ si²² tua⁴¹ tŋ²⁴ pau³³ tŋ²⁴ gã⁵⁵,
（你看，这是大肠包小肠,）
即是蚝仔煎。
tsit⁵ si²² o²⁴ a⁵⁵ tsian³³.
（这是海蛎煎。）

冬梅：伯卜食甚乜？
lan⁵⁵ bəʔ⁵ tsiaʔ²⁴ siam⁵⁵ bĩʔ⁵ ?
（我们要吃什么？）

平安：伯先食蚝仔煎，
lan⁵⁵ suĩ³³ tsiaʔ²⁴ o²⁴ a⁵⁵ tsian³³,
（咱们先吃海蛎煎,）
等咧则来去食大肠包肠仔。
tan⁵⁵ lə⁰ tsiaʔ⁵ lai²⁴ khɯ⁴¹ tsiaʔ²⁴ tua⁴¹ tŋ²⁴ pau³³ tŋ²⁴ gã⁵⁵.
（等下再吃大肠包小肠。）

冬梅：好！
ho⁵⁵!
（好！）

三　节日饮食

sã³³　tsiat⁵ lit²⁴ im⁵⁵ sit²⁴

（背景：冬梅在台湾过中秋节）

平安：冬梅，今仔日是中秋节，

tɔŋ³³ bmuĩ²⁴, kin³³ lã⁵⁵ lit²⁴ si²² tiɔŋ³³ tshiu³³ tsiat⁵,

（冬梅，今天是中秋节，）

暗暝来去参加阮家族的博饼。

am⁴¹ bĩ²⁴ lai²⁴ khɯ⁴¹ tsham³³ ka³³ gun⁵⁵ ka³³ tsɔk²⁴ e⁰ puaʔ²⁴ piã⁵⁵.

（晚上去参加我们家族的博饼。）

冬梅：好，道谢！

ho⁵⁵, tɔ²² sia⁴¹!

（好，谢谢！）

伫大陆，中秋节逐个会坐做一下啉茶、赏月、食月饼。

tɯ²² tai²² liɔk²⁴,tiɔŋ³³ tshiu³³ tsiat⁵ tak²⁴ ge²⁴ e²² tsɔ²² tsue⁴¹ tsit²⁴ e⁴¹ lim³³ te²⁴、siũ⁵⁵ gəʔ²⁴、tsiaʔ²⁴ gəʔ²⁴ piã⁵⁵.

（在大陆，中秋节大家会坐在一起喝茶、赏月、吃月饼。）

平安：台湾的传统节日有春节、上元、清明、五月节、

中秋节、重阳节、冬节,等等。
tai²⁴ uan²⁴ e⁰ tuan²⁴ thɔŋ⁵⁵ tsiat⁵ lit²⁴ u²² tshun³³ tsiat⁵、siɔŋ⁴¹ guan²⁴、tshuĩ³³ biã²⁴、gɔ²² gəʔ²⁴ tsueʔ⁵、tiɔŋ³³ tshiu³³ tsiat⁵、tiɔŋ²⁴ iɔŋ²⁴ tsiat⁵、taŋ³³ tsueʔ⁵, tŋ⁵⁵ tŋ⁵⁵.
(台湾的传统节日有春节、元宵节、清明节、端午节、中秋节、重阳节、冬至,等等。)

冬梅:拙个佮大陆厮同。
tsuaʔ⁵ e²⁴ kap⁵ tai⁴¹ liɔk²⁴ sã³³ saŋ²⁴.
(这些和大陆一样。)

平安:无同的节日食无同的物件,
bo²⁴ saŋ²⁴ e⁰ tsiat⁵ lit²⁴ tsiaʔ²⁴ bo²⁴ saŋ²⁴ e⁰ bŋʔ²⁴ kiã²²,
(不同的节日吃不同的东西,)
亲像清明食润饼菜,
tshin³³ tshiũ²² tshuĩ³³ biã²⁴ tsiaʔ²⁴ lun⁴¹ piã⁵⁵ tshai⁴¹,
(如清明节吃润饼菜,)
五月节食粽,
gɔ²² gəʔ²⁴ tsueʔ⁵ tsiaʔ²⁴ tsaŋ⁴¹,
(端午节吃粽子,)
冬节食圆仔。
taŋ³³ tsueʔ⁵ tsiaʔ²⁴ ĩ²⁴ ã⁵⁵.
(冬至吃汤圆。)

冬梅：拙个计佮泉州厮同。

tsuaʔ⁵ e²⁴ ke⁴¹ kap⁵ tsuan²⁴ tsiu³³ sã³³ saŋ²⁴.

（这些和泉州都一样。）

平安：伫台湾，旧历三月廿三是妈祖生，

tɯ²² tai²⁴ uan²⁴, ku⁴¹ liak²⁴ sã³³ gəʔ²⁴ li²⁴ sã³³ si²² mã⁵⁵ tsɔ⁵⁵ sĩ³³,

（在台湾，农历三月二十三是妈祖诞辰，）

逐户炊糕、炊馃，诚闹热。

tak²⁴ hɔ²² tshə³³ ko³³、tshə³³ kə⁵⁵, tsiã²⁴ lau⁴¹ liat²⁴.

（家家户户做糕点、蒸萝卜糕，很热闹。）

冬梅：拙个计是从泉州传来的。

tsuaʔ⁵ e²⁴ ke⁴¹ si²² tsiɔŋ²⁴ tsuan²⁴ tsiu³³ tuan²⁴ lai²⁴ e⁰.

（这些都是从泉州传过来的。）

课后练习

1.认识语词，并用词语说句：

面干糊	bĩ⁴¹ kuã³³ kɔ²⁴	面线糊
肉粽	hiak²⁴ tsaŋ⁴¹	肉粽
涂笋冻	thɔ²⁴ sun⁵⁵ taŋ⁴¹	土笋冻
牛肉羹	gu²⁴ hiak²⁴ kĩ³³	牛肉羹
鱼卷	hɯ²⁴ kŋ⁵⁵	鱼卷
大肠包肠仔	tua⁴¹ tŋ²⁴ pau³³ tŋ²⁴ gã⁵⁵	大肠包小肠
蚝仔煎	o²⁴ a⁵⁵ tsian³³	海蛎煎

润饼菜	lun⁴¹ piã⁵⁵ tshai⁴¹	润饼菜
菜馃	tshai⁴¹ kə⁵⁵	萝卜糕
春节	tshun³³ tsiat⁵	春节
上元	siɔŋ⁴¹ guan²⁴	元宵节
清明	tshuĩ³³ biã²⁴	清明节
五月节	gɔ²² gə⁴² tsueʔ⁵	端午节
中秋节	tiɔŋ³³ tshiu³³ tsiat⁵	中秋节
重阳节	tiɔŋ²⁴ iɔŋ²⁴ tsiat⁵	重阳节
冬节	taŋ³³ tsueʔ⁵	冬至
博饼	puaʔ²⁴ piã⁵⁵	博饼
妈祖	bã⁵⁵ tsɔ⁵⁵	妈祖
闹热	lau⁴¹ liat²⁴	热闹

2. 语法点：词语异序

闽南语中有些词语非常有意思，词语的排列顺序和普通话相反，但是意思却完全一样。这种词语数量不少，如：

A	普通话	母鸡	公狗	母猫	公猪	热闹	母虎	季节
	泉州话	鸡母	狗公	猫母	猪哥	闹热	虎母	节季
B	普通话	日历	客人	台风	花菜	拖鞋	干菜	围墙
	泉州话	历日	人客	风台	菜花	鞋拖	菜干	墙围
C	普通话	沙土	健康	喜欢	互相	劝解	酸臭	蔬菜
	泉州话	土沙	康健	欢喜	相互	解劝	臭酸	菜蔬

3.语音延伸：鼻化韵

闽南语的韵母保留了古代汉语的一些特征，如鼻化韵、喉塞音等，在学习中要特别注意。

这节课我们介绍鼻化韵。鼻化韵是闽南语中一种特殊的韵母，发音时，气流同时从口腔和鼻腔流出，使得发出的音具有鼻化的色彩。在国际音标中用"~"表示，如"骂 mã""碗 uã"等。请跟读下面各字：

ã	骂	马	林	打	团
uĩ	店	前	捡	指	横
uã	碗	山	汗	伞	肝
ĩ	棉	钱	扁	片	天
iã	件	命	兄	行	听
õ	老	考	可	魔	毛
iũ	伤	张	场	唱	样

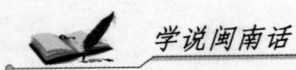

4. 句子练习

(1) 汝爱食甚乜？（你喜欢吃什么？）

我爱食牛肉羹。（我喜欢吃牛肉羹。）

(2) 听说泉州有野济小食？（听说泉州有很多小吃？）

是啊，有面干糊、土笋冻、肉粽等。（是啊，有面线糊、土笋冻、肉粽等。）

(3) 汝爱食台湾的大肠包肠仔唔？（你喜欢吃台湾的大肠包小肠吗？）

爱啊，大肠包肠仔野香野好食。（喜欢啊，大肠包小肠很香很好吃。）

(4) 伯的传统节日我最爱春节咯。（咱们的传统节日我最喜欢春节了。）

是啊，我也最爱春节，野闹热。（是啊，我也最喜欢春节，很热闹。）

(5) 汝甚乜时阵来泉州，我带汝行行咧。（你什么时候到泉州来，我带你走走。）

好啊，下礼拜去。（好啊，下个星期去。）

第四课　　起居
te⁴¹ si⁴¹ kho⁴¹　khi⁵⁵ kɯ³³

一　起床
it⁵　khi⁵⁵ tshŋ²⁴

平安母亲：平安，着起来咯。
piŋ²⁴ an³³, tioʔ²⁴ khi⁵⁵ lai⁰ lɔ⁰.
（平安，该起床了。）

平安：几点咯？
kui⁵⁵ tiam⁵⁵ lɔ⁰?
（几点了？）

平安母亲：卜七点咯。
bəʔ⁵ tshit⁵ tiam⁵⁵ lɔ⁰.
（快七点了。）

平安：妈，今仔日是礼拜日，
bã²⁴, kin³³ lã⁵⁵ lit²⁴ si²² le⁵⁵ pai⁴¹ lit²⁴,
（妈，今天是星期天，）
我各睏一仔久。
gua⁵⁵ koʔ⁵ khun⁴¹ tsit²⁴ lã⁰ ku⁰.
（我再睡一会儿。）

31

平安母亲：今仔日是妈祖生，伫着去天后宫烧香。

kin³³ lã⁵⁵ lit²⁴ si²² bã⁵⁵ tsɔ⁵⁵ sĩ³³, lan⁵⁵ tioʔ²⁴ khɯ⁴¹ thian³³ hio²² kiɔŋ³³ sio³³ hiũ³³.

（今天是妈祖诞辰，我们要去天后宫上香。）

汝野着各穿衫、洗面、洗喙、抔头、食饮糜，

lɯ⁵⁵ ia⁵⁵ tioʔ²⁴ koʔ⁵ tshiŋ⁴¹ sã³³、sue⁵⁵ bin⁴¹、sue⁵⁵ tshui⁴¹、luaʔ²⁴ thau²⁴、tsiaʔ²⁴ am⁵⁵ bə²⁴,

（你还要穿衣服、洗脸、刷牙、梳头、吃稀饭，）

赶紧起来则赡伤晏。

kuã⁵⁵ kin⁵⁵ khi⁵⁵ lai⁰ tsiaʔ⁵ bue²² siũ³³ uã⁴¹.

（赶紧起床才不会太迟。）

平安：好啊，我起来咯。

ho⁵⁵ a⁰, gua⁵⁵ khi⁵⁵ lai⁰ lɔ⁰.

（好啊，我这就起床了。）

平安母亲：我旧年伫妈祖面前下愿，

gua⁵⁵ ku⁴¹ li²⁴ tɯ²² bã⁵⁵ tsɔ⁵⁵ bin⁴¹ tshuĩ²⁴ he²² guan⁴¹,

（我去年在妈祖前许愿，）

保庇伨一家平安康健。

pɔ⁵⁵ pi⁴¹ lan⁵⁵ tsit²⁴ ke³³ piŋ²⁴ an³³ khɔŋ³³ kian⁴¹.

（保佑我们一家平安健康。）

二　摒扫卫生（打扫卫生）

li^{55}　piã^{41}　sau^{41}　ue^{41}　sŋ^{33}

冬梅：阳阿，即个周末着加班唔？
iɔŋ^{24} a^{0}, tsit^{5} ge^{24} tsiu^{33} buat^{24} tioʔ^{24} ka^{33} pan^{33} m^{0}？
（阿阳，这个周末要加班吗？）

建阳：唔免，顶礼拜则加呢。
m^{41} bian^{55}, tiŋ^{55} le^{55} pai^{41} tsiaʔ^{5} ka^{33} li^{0}.
（不用，上个星期才加班。）

冬梅：各半个月就过年咯，
koʔ^{5} puã^{41} ko^{41} gəʔ^{24} tsiu^{41} kə^{41} lĩ^{24} lɔ^{0},
（再过半个月就过年了，）
伯明仔日将厝里摒扫一下。
lan^{55} bin^{24} lã^{55}lit^{24} tsiɔŋ^{33} tshu^{41} lai^{22} piã^{41} sau^{41} tsit^{0} e^{0}.
（咱们明天把家里打扫一下。）

建阳：好啊，我拄好通将衫橱佮册柜整理一下。
ho^{55} a^{0}, gua^{55} tu^{55} ho^{55} thaŋ^{33} tsiɔŋ^{33} sã^{33} tu^{24} kap^{5}
tsheʔ^{5} kui^{41} tsiŋ^{55} li^{55} tsit^{0} e^{0}.
（好啊，我刚好可以把衣柜和书柜整理一下。）

冬梅： 是啊，灶脚的油烟野重，

si^{22} a^0, tsau^{41} kha^{33} e^0 iu^{24} ian^{33} ia^{55} taŋ^{22},

（是啊，厨房的油烟很重，）

也着好好洗一下。

a^{22} tioʔ^{24} ho^{55} ho^{55} sue^{55} tsit^0 e^0.

（也要好好洗一下。）

建阳： 好啊，我来拭窗仔。

ho^{55} a^0, gua^{55} lai^{24} tshit^5 thaŋ^{33} gã^{55}.

（好的，我来擦窗户。）

三 洗身（洗澡）

sã^{33} sue^{55} sin^{33}

冬梅： 阳阿，今仔日做野济代志，

iɔŋ^{24} a^0, kin^{33} lã^{55} lit^{24} tsue^{41} ia^{55} tsue^{41} tai^{41} tsi^{41},

（阿阳，今天做了很多事情，）

有野辛苦无？

u^{22} ia^{55} siŋ^{33} khɔ^{55} bo^0?

（很辛苦吧？）

建阳： 有淡薄瘸，脚酸手软，

u^{22} tam^{22} poʔ^{24} sian^{22}, kha^{33} sŋ^{33} tshiu^{55} lŋ^{55},

（有点累，腰酸背痛，）

我先来去洗头洗身咧,

gua⁵⁵ suĩ³³ lai²⁴ khɯ⁴¹ sue⁵⁵ thau²⁴ sue⁵⁵ sin³³ lə⁰,

（我先去洗头洗澡,）

伯则来泡一杯铁观音，休息一下。

lan⁵⁵ tsiaʔ⁵ lai²⁴ pau⁴¹ tsit²⁴ pue³³ thiʔ⁵ kuan³³ im³³,
hiu³³ siak⁵ tsit⁰ e⁰.

（咱们再来泡杯铁观音，休息一下。）

冬梅：好啊，热水器开咯。

ho⁵⁵ a⁰, liat²⁴ tsui⁵⁵ khi⁴¹ khui³³ lə⁰.

（好啊，热水器开起来了。）

汝手拙腌臜,

lɯ⁵⁵ tshiu⁵⁵ tsuaʔ⁵ a³³ tsam³³,

（你的手这么脏,）

先用雪文洗洗咧则去撏衫裤。

suĩ³³ iŋ⁴¹ sap⁵ bun²⁴ sue⁵⁵ sue⁵⁵ lə⁰ tsiaʔ⁵ khɯ⁴¹ thueʔ²⁴ sã³³ khɔ⁴¹.

（先用肥皂洗洗才去拿衣服。）

建阳：我知影。

gua⁵⁵ tsai³³ iã⁵⁵.

（我知道。）

课后练习

1.认识语词，并用词语说句：

洗喙	sue^{55} tshui^{41}	刷牙
洗面	sue^{55} bin^{41}	洗脸
捋头	luaʔ^{24} thau^{24}	梳头
食饮糜	tsiaʔ^{24} am^{55} bə^{24}	吃稀饭
天后宫	thian^{33} hio^{22} kiɔŋ^{33}	天后宫
下愿	he^{22} guan^{41}	许愿
卜/着	bəʔ^{5}/tioʔ^{24}	要
各	koʔ^{5}	再
顶礼拜	tiŋ^{55} le^{55} pai^{41}	上个星期
物件	bŋʔ^{24} kiã^{22}	东西
灶脚	tsau^{41} kha^{33}	厨房
雪文	sap^{5} bun^{24}	肥皂
知影	tsai^{33} iã^{55}	知道
窗仔	thaŋ^{33} gã^{55}	窗户
衫裤	sã^{33} khɔ^{41}	衣服
腌臜	a^{33} tsam^{33}	脏

2. 语法点：闽南语特殊句式（一）

丰富的"有""无"句

有无句是闽南语中很具有特色的句子，使用频率很高，很多说法是普通话没有的。具体使用如下：

A.有（无）+动词（或形容词）：这种句式表示动作或状态的存在或完成与否。例如：

王先有去教册。（王老师已经去教书了。）

即本辞典我无买。（这本辞典我没买。）

图书馆的门有开。（图书馆的门开着。）

花有红。（花红了。）

水野无滚。（水还没开。）

这种句式还可以表示事物的属性。例如：

即种米有煮。（这种米耐煮。）

即领裤野有穿。（这条裤子很耐穿。）

即矸醋无酸。（这瓶醋不酸。）

B. 动词+有（无）：这种句式表示对动作行为的肯定或否定。例如：

电视机汝买有，我买无。（电视机你买到了，我没买到。）

黑板顶的字我看有。（黑板上的字我看得清楚。）

汝说的我听有。（你说的我听明白了。）

C. 动词+有（无）+宾语：这种句式也是用来表示对动作行为的肯定或否定。例如：

汝食有饭，我食无饭。（你吃得到饭，我吃不到饭。）

明仔日有开会。（明天要开会。）

看汝有目。（即"眼中有你"）

看汝有康。（看你富裕。）

D. 动词+有（无）十形容词（或动词）：这种句式表示动作行为达到的程度。例如：

字写有了[liau55]，册读无了。（字写完了，书没读完。）

腹肚食有饱。（肚子吃饱了。）

E. "有"、"无"对举连用：这种句式表示疑问，有的句子"无"读轻声，词义虚化。例如：

汝有去福州无?(你去福州了吗?)

册有买无?(书买了吗?)

迄支笔找有无?(那支笔找到了吗?)

以上几种句式是普通话没有的,假如在说普通话时生搬硬套,就会令人无法理解。

3.语音延伸:鼻辅音韵尾

闽南语的韵母,应该说是基本保留了中古音系的特征。古汉语中的六个辅音韵尾,即塞音韵尾 [-p][-t][-k]和鼻辅音韵尾[-m][-n][-ŋ],闽南语至今还都保留着。这节课我们说说鼻辅音韵尾。例如:

庵[am^{33}]　　　深[tshim^{44}]　　单[tan^{33}]

宣[suan^{33}]　　房[paŋ^{24}]　　阳[iɔŋ^{24}]

这些韵母是我们学习的难点,请多读多练。

4. 句子练习

(1)汝有食早起无?(你有吃早餐吗?)

　　有啊,我食一粒卵佮一杯豆奶。(有啊,我吃一个鸡蛋和一杯豆奶。)

(2)汝作业做好未?(你作业做好了吗?)

　　野未,剩淡薄。(还没有,剩一点点。)

(3)我说甚乜汝听有无?(我说什么你听清楚了吗?)

　　有,我听有。　(有,我听清楚了。)

(4)昨日汝有去图书馆看册无?(昨天你去图书馆看书了吗?)

　　我头疼,无去。(我头疼,没去。)

(5) 我即碗饭食唅了。（我这碗饭吃不完。）
唅要紧，暗幂烧咧则各食。（不要紧，晚上热一下再吃。）

第五课　　询问
te⁴¹ gɔ²² kho⁴¹　　sun²⁴ bun⁴¹

一　　问数量
it⁵　　bŋ⁴¹ sɔ⁴¹ liɔŋ⁴¹

冬梅：恁厝里平常时有几个人？
　　　　lin⁵⁵ tshu⁴¹ lai²² phiŋ²⁴ siɔŋ²⁴ si²⁴ u²² kui⁵⁵ ge²⁴ laŋ²⁴？
　　　　（你家里平时有几个人？）

平安：平常时是三个人，阮某佮简仔。
　　　　piŋ²⁴ siɔŋ²⁴ si²⁴ si²² sã³³ ge²⁴ laŋ²⁴, gun⁵⁵ bo⁵⁵ kap⁵ kan⁵⁵ lã⁵⁵.
　　　　（平时是三个人，我的妻子和孩子。）
　　　　周末会较闹热。
　　　　tsiu³³ buat²⁴ e²² kha⁴¹ lau⁴¹ liat²⁴.
　　　　（周末会比较热闹。）

冬梅：周末有偌济人？
　　　　tsiu³³ buat²⁴ u²² lua²² tsue⁴¹ laŋ²⁴？
　　　　（周末有多少人？）

平安：周末阮爸母会来阮厝里，
　　　　tsiu³³ buat²⁴ gun⁵⁵ pe²² bu⁵⁵ e²² lai²⁴ gun⁵⁵ tshu⁴¹ lai²²,

（周末我爸爸妈妈会来我家里，）

安尼就有五个人。

an³³ li³³ tsiu⁴¹ u²² gɔ²² ge²⁴ laŋ²⁴.

（这样就有五个人。）

有时阵阮阿姐一家四个人来看老的，

u²² si²⁴ tsun⁴¹ gun⁵⁵ a⁵⁵ tsi⁵⁵ tsit²⁴ ke²² siᶥ⁴¹ ge²⁴ laŋ²⁴ lai²⁴ khuã⁴¹ lau²² e⁰,

（有时候我姐姐一家四个人来看望老人家，）

厝里就有九个人。

tshu⁴¹ lai²² tsiu⁴¹ u²² kau⁵⁵ ge²⁴ laŋ²⁴.

（家里就有九个人。）

二　问路

li⁴¹　bŋ⁴¹　lɔ⁴¹

冬梅：平安，恁厝离台北偌远？

piŋ²⁴ an³³, lin⁵⁵ tshu⁴¹ li²⁴ tai²⁴ pak⁵ lua²² hŋ²²?

（平安，你家离台北有多远？）

平安：阮厝伫高雄，

gun⁵⁵ tshu⁴¹ tɯ²² ko³³ hiɔŋ²⁴,

（我家在高雄，）

离台北有三百外公里。

li²⁴ tai²⁴ pak⁵ u²² sã³³ paʔ⁵ gua⁴¹ kɔŋ³³ li⁵⁵.

（离台北有三百多公里。）

冬梅：汝遘台北一般选择甚乜交通工具？
　　　　lɯ⁵⁵ kau⁴¹ tai²⁴ pak⁵ it⁵ puã³³ suan⁵⁵ tiak²⁴ siam⁵⁵ bĩʔ⁵
　　　　kau³³ thɔŋ³³ kaŋ³³ ku⁴¹?
　　　　（你到台北一般选择什么交通工具？）

平安：高雄遘台北会做得坐飞机，
　　　　ko³³ hiɔŋ²⁴ kau⁴¹ tai²⁴ pak⁵ e²² tsue⁴¹ lit⁵ tsə²² hui³³ ki³³,
　　　　（高雄到台北可以坐飞机，）
　　　　也会做得坐班车佮高铁，
　　　　a²² e²² tsue⁴¹ lit⁵ tsə²² pan³³ tshia³³ kap⁵ kɔ³³ thiʔ⁵,
　　　　（也可以坐班车和高铁，）
　　　　我一般坐高铁。
　　　　gua⁵⁵ it⁵ puã³³ tsə²² kɔ³³ thiʔ⁵.
　　　　（我一般坐高铁。）

冬梅：从台北机场遘西门町障仔行？
　　　　tsɔŋ²⁴ tai²⁴ pak⁵ ki³³tiũ²⁴ kau⁴¹ se³³ bŋ²⁴ tiŋ³³ tsiũ⁴¹ ã⁵⁵ kiã²⁴?
　　　　（从台北机场到西门町怎么走？）

平安：会做得先坐1819路巴士遘台北车站，
　　　　e²² tsue⁴¹ lit⁵ suĩ³³ tsə²² it⁵ pat⁵ it⁵ kiu⁵⁵ lɔ⁴¹ pa³³ sɯ⁴¹
　　　　kau⁴¹ tai²⁴ pak⁵ tshia³³ tsam²²,

（可以先坐1819路巴士到台北车站，）
则各坐捷运，一站就遘咯。
tsiaʔ⁵ koʔ⁵ tsə²² tsiat²⁴ un⁴¹, tsit²⁴ tsam²² tsiu⁴¹ kau⁴¹ lɔ⁰.
（再坐捷运，一站就到了。）
真济遘台北旅游的人客会选择跐唎西门町。
tsin³³ tsue⁴¹ kau⁴¹ tai²⁴ pak⁵ lɯ⁵⁵ iu²⁴ e⁰ laŋ²⁴ kheʔ⁵ e²²
suan⁵⁵ tiak²⁴ tiam⁴¹ lə⁵⁵ se³³ bŋ²⁴ tiŋ³³.
（很多到台北旅游的客人会选择住西门町。）

三 问时间
sã³³ bŋ⁴¹ si²⁴ kan³³

冬梅：阳阿，汝甚乜时节放假？
iɔŋ²⁴ a⁰, lɯ⁵⁵ siam⁵⁵ bĩʔ⁵ si²⁴ tsueʔ⁵ paŋ⁴¹ ka⁵⁵?
（阿阳，你什么时候放假？）

建阳：一月二十号。
it⁵ gəʔ²⁴ li⁴¹ tsap²⁴ ho⁴¹.
（一月二十号。）

冬梅：汝卜坐飞机也是行小三通？
lɯ⁵⁵ bəʔ⁵ tsə²² hui³³ ki³³ a⁵⁵ si²² kiã²⁴ sio⁵⁵ sam³³ thɔŋ³³?
（你要坐飞机还是走小三通？）

建阳：平潭遘台湾的游轮开通咯，

piŋ²⁴ tham²⁴ kau⁴¹ tai²⁴ uan²⁴ e⁰ iu²⁴ lun²⁴ khui³³ thɔŋ³³ lɔ⁰,

（平潭到台湾的游轮开通了，）

我想体验一下，

gua⁵⁵ siũ²² the⁵⁵ giam⁴¹ tsit⁰ e⁰,

（我想体验一下，）

先坐海峡号游轮从台北遘平潭，

suĩ³³ tsə²² hai⁵⁵ kiap⁵ ho⁴¹ iu²⁴ lun²⁴ tsiɔŋ²⁴ tai²⁴ pak⁵ kau⁴¹ piŋ²⁴ tham²⁴,

（先坐海峡号游轮从台北到平潭，）

则各从平潭斡倒去。

tsiaʔ⁵ koʔ⁵ tsiɔŋ²⁴ piŋ²⁴ tham²⁴ uat⁵ to⁰ khɯ⁰.

（再从平潭回家。）

冬梅：台北遘平潭偌远？

tai²⁴ pak⁵ kau⁴¹ piŋ²⁴ tham²⁴ lua²² hŋ²²？

（台北到平潭多远？）

坐船着偌久？

tsə²² tsun²⁴ tioʔ²⁴ lua²² ku⁵⁵？

（坐船要多久？）

建阳：九十几海里，

kau⁵⁵ tsap²⁴ kui⁵⁵ hai⁵⁵ li⁵⁵,

（九十几海里，）

大约需要两点半钟。

tai^{41} iɔk^5 su^{33} iau^{41} lŋ^{22} tiam^{55} puã^{41} tsiŋ^{33}.

（大约需要两个半小时。）

冬梅：安尼野方便。

an^{33} li^{33} ia^{55} hɔŋ^{33} pian^{41}.

（这样很方便。）

汝准备买几点的船票？

lɯ^{55} tsun^{55} pi^{41} bue^{55} kui^{55} tiam^{55} e^0 tsun^{24} phio^{41}?

（你准备买几点的船票？）

建阳：拍算买早起九点的。

pha?^{5} sŋ^{41} bue^{55} tsa^{55} khi^{55} kau^{55} tiam^{55} e^0.

（打算买上午九点的。）

课后练习

1.认识语词，并用词语说句：

一	it^5	一
二	li^{41}	二
三	sã^{33}	三
四	si^{41}	四
五	gɔ^{22}	五
九	kau^{55}	九
十	tsap^{24}	十

二十	li⁴¹ tsap²⁴	二十
月	gəʔ²⁴	月
简仔	kan⁵⁵ lã⁵⁵	孩子
偌济	lua²² tsue⁴¹	多少
飞机	hui³³ ki³³	飞机
高铁	kɔ³³ thiʔ⁵	高铁
捷运	tsiat²⁴ un⁴¹	捷运
高雄	ko³³ hiɔŋ²⁴	高雄
台北	tai²⁴ pak⁵	台北
甚乇时节	siam⁵⁵ bĩʔ⁵ si²⁴ tsueʔ⁵	什么时候
偌久	lua²² ku⁵⁵	多久
几点	kui⁵⁵ tiam⁵⁵	几点
坐船	tsə²² tsun²⁴	坐船
西门町	se³³ bŋ²⁴ tiŋ³³	西门町
平潭	piŋ²⁴ tham²⁴	平潭
海峡号	hai⁵⁵ kiap⁵ ho⁴¹	海峡号

2. 语法点：闽南语特殊句式（二）

奇特的"来去"句

闽南语表示要去做某件事或要离开说话时的所在地，总是在话语中用上"来去"一词。这使外地人大为不解："来"与"去"如何能相安无事地在句中组合起来呢？其实，这里的"来去"就是"去"的意思。例如：

我来去听课咯。（我去听课了。）

汝佮我来去看成绩。（你和我一起去看成绩。）

来去，来去看球赛。（去，看赛球去。）

老王，我来去咯。（老王，我走了。）

从例句可见，"来去"句的主语是第一人称，或者句中包含着第一人称主语。"来去"句作为告别语时是套语。说普通话时，这种句式要相应调整，不可原本照搬。

3.语音延伸：塞音韵尾

这节课我们练习塞音韵尾 [-p][-t][-k]，请跟读以下音节：

压 [ap^5]　　　入 [1ip^{24}]　　节 [tsat^5]

值 [tit^{24}]　　目 [bak^{24}]　　酷 [khɔk^5]

4．句子练习

（1）伯礼拜日来去厦门，汝有闲无？（咱们周末去厦门，你有空吗？）

　　　有啊，来去。（有啊，去吧。）

（2）落课咯，来去食。（下课了，吃饭去吧。）

　　　好啊，行。　（好，走吧。）

（3）汝倒去台北是坐飞机也是坐船？（你回台北是坐飞机还是坐船？）

　　　我较常坐船。（我比较常坐船。）

（4）汝一日工作几点钟？（你一天工作几个小时？）

　　　一般是八点钟。（一般是八个小时。）

（5）一遘十闽南话卜障仔说？（一到十闽南语要怎么说？）

汝注意听，我读一遍，一、二、三、四、五、六、七、八、九、十，听有无？（你注意听，我读一遍，一、二、三、四、五、六、七、八、九、十，听清楚了吗？）

第六课　　旅游
te^{41} lak^{24} kho^{41}　　lɯ^{55} iu^{24}

一　旅游设想
it^5　lɯ^{55} iu^{24} siat^5 siɔŋ^{55}

冬梅：平安，汝即摆拍算踮北京偌久？

piŋ^{24} an^{33}, lɯ^{55} tsit^5 pai^{55} phaʔ^5 sŋ^{41} tiam^{41} pak^5 kiã^{33} lua^{22} ku^{55}?

（平安，你这次准备在北京待多长时间？）

平安：一个月左右，

tsit^{24} ko^{41} gəʔ^{24} tsɔ^{55} iu^{41},

（一个月左右，）

我想去四界行行佚佚咧。

gua^{55} siũ^{22} khɯ^{41} siak^5 kue^{41} kiã^{24} kiã^{24} thit^5 thit^5 lə^0.

（我想去到处走走玩玩。）

冬梅：北京有野济好佚的所在，

pak^5 kiã^{33} u^{22} ia^{55} tsue^{41} ho^{55} thit^5 e^0 sɔ^{55} tsai^{22},

（北京有很多好玩的地方，）

亲像长城、故宫、后海。

tshin^{33} tshiũ^{22} tŋ^{24} siã^{24}、ko^{41} kiɔŋ^{33}、hio^{22} hai^{55}。

49

（如长城、故宫、后海。）

平安：我也想去青海，

gua⁵⁵ a²² siũ²² khɯ⁴¹ tshiŋ³³ hai⁵⁵,

（我还想去青海，）

则各从青海坐火车去西藏。

tsiaʔ⁵ koʔ⁵ tsiɔŋ²⁴ tshiŋ³³ hai⁵⁵ tsə²² hə⁵⁵ tshia³³ khɯ⁴¹ se³³ tsɔŋ⁴¹.

（然后从青海坐火车去西藏。）

冬梅：即个主意狯歹！

tsit⁵ ge²⁴ tsu⁵⁵ i⁴¹ bue²² phai⁵⁵!

（这个主意不错！）

拉萨的景色野水！

la³³ sat⁵ e⁰ kiŋ⁵⁵ siak⁵ ia⁵⁵ sui⁵⁵!

（拉萨的景色很美！）

二　泉州旅游

li⁴¹　tsuan²⁴ tsiu³³ lɯ⁵⁵ iu²⁴

平安：冬梅，我清明卜斡倒去扫墓，

tɔŋ³³ buĩ²⁴, gua⁵⁵ tshuĩ³³ biã²⁴ bəʔ⁵ uat⁵ to⁴¹ khɯ⁴¹ sau⁴¹ bɔ⁴¹,

（冬梅，我清明节要回家扫墓，）

想带厝里人去泉州佚佚咧。

siũ²² tua⁴¹ tshu⁴¹ lai²² laŋ²⁴ khɯ⁴¹ tsuan²⁴ tsiu³³ thit⁵ thit⁵ lə⁰.
（想带家人去泉州玩玩。）

冬梅：汝即摆伫泉州卜踮偌久？
lɯ⁵⁵ tsit⁵ pai⁵⁵ tɯ²² tsuan²⁴ tsiu³³ bəʔ⁵ tiam⁴¹ lua²² ku⁵⁵?
（你这次在泉州要待多久？）

平安：我即摆准备踮一个月。
gua⁵⁵ tsit⁵ pai⁵⁵ tsun⁵⁵ pi⁴¹ tiam⁴¹ tsit²⁴ ko⁴¹ gəʔ²⁴.
（我这次准备待一个月。）

冬梅：安尼野好！
an³³ lĩ³³ ia⁵⁵ ho⁵⁵！
（这样很好！）
遘泉州来，着慢慢仔佚，
kau⁴¹ tsuan²⁴ tsiu³³ lai²⁴, tioʔ²⁴ ban⁴¹ ban⁴¹ lã⁵⁵ thit⁵,
（到泉州来，要慢慢玩，）
则会佚出味素。
tsiaʔ⁵ e²² thit⁵ tshut⁵ bi⁴¹ sɔ⁴¹.
（才能玩出味道。）

平安：是啊，伯泉州是海上丝绸之路的起点，
si²² a⁰, lan⁵⁵ tsuan²⁴ tsiu³³ si²² hai⁵⁵ siɔŋ⁴¹ si³³ tiu²⁴ tsi³³ lɔ⁴¹ e⁰ khi⁵⁵ tiam⁵⁵,

（是啊，咱们泉州是海上丝绸之路的起点，）
有野丰富的文化底蕴。
u^{22} ia^{55} hɔŋ^{33} hu^{41} e^{0} bun^{24} hua^{41} tue^{55} un^{41}.
（有很丰富的文化底蕴。）

冬梅：恁拍算障仔来？
lin^{55} phaʔ^{5} sŋ^{41} tsiũ^{41} ã^{55} lai^{24}?
（你们打算怎样来泉州？）

平安：阮从台北直飞泉州晋江机场。
gun^{55} tsiɔŋ^{24} tai^{24} pak^{5} tit^{24} pə^{33} tsuan^{24} tsiu^{33} tsin^{41} kaŋ^{33} ki^{33} tiũ^{24}.
（我们从台北直飞泉州晋江机场。）

冬梅：好，遘时我去机场接恁。
ho^{55}, kau^{41} si^{24} gua^{55} khɯ^{41} ki^{33} tiũ^{24} tsiap^{5} lin^{0}.
（好，到时我去机场接你们。）

平安：道谢！
tɔ^{22} sia^{41}!
（谢谢！）

三　　台湾旅游
sã³³　　tai²⁴ uan²⁴ lɯ⁵⁵ iu²⁴

冬梅：阳阿，汝伫台湾读册一年咯，
iɔŋ²⁴ a⁰, lɯ⁵⁵ tɯ²² tai²⁴ uan²⁴ thak²⁴ tsheʔ⁵ tsit²⁴ li²⁴ lɔ⁰,
（阿阳，你在台湾读书一年了，）
有出去佚佗无？
u²² tshut⁵ khɯ⁴¹ thit⁵ tho²⁴ bo⁰?
（有没有出去玩玩？）

建阳：有啊，我去阿里山佮日月潭咯。
u²² a⁰, gua⁵⁵ khɯ⁴¹ a⁵⁵ li⁵⁵ san³³ kap⁵ lit²⁴ guat²⁴ tham²⁴ lɔ⁰.
（有啊，我去了阿里山和日月潭。）

冬梅：汝野有各去甚乜所在佚无？
lɯ⁵⁵ ia⁵⁵ u²² koʔ⁵ khɯ⁴¹ siam⁵⁵ bĩʔ⁵ sɔ⁵⁵ tsai²² thit⁵ bo⁰?
（你还去其他地方玩了吗？）

建阳：阮有一摆去台中旅游，
gun⁵⁵ u²² tsit²⁴ pai⁵⁵ khɯ⁴¹ tai²⁴ tiɔŋ³³ lɯ⁵⁵ iu²⁴,
（我们有一次到台中旅游，）
拄好拄着妈祖生，诚闹热，
tu⁵⁵ ho⁵⁵ tu⁵⁵ tioʔ²⁴ bã⁵⁵ tsɔ⁵⁵ sĩ³³, tsiã²⁴ lau⁴¹ liat²⁴,
（正好遇到妈祖诞辰，非常热闹，）

逐暗暝搬歌仔戏佮布袋戏。
tak²⁴ am⁴¹ bĩ²⁴ puã³³ kua³³ a⁵⁵ hi⁴¹ kap⁵ pɔ⁴¹ tə⁴¹ hi⁴¹.
（天天晚上演歌仔戏和木偶戏。）

冬梅：是呣？
si²² m⁰？
（是吗？）

建阳：台湾的妈祖宫诚济，
tai²⁴ uan²⁴ e⁰ bã⁵⁵ tsɔ⁵⁵ kiŋ³³ tsiã²⁴ tsue⁴¹,
（台湾的妈祖庙很多，）
阮从台北遘台南，计有看着。
gun⁵⁵ tsioŋ²⁴ tai²⁴ pak⁵ kau⁴¹ tai²⁴ lam²⁴, ke⁴¹ u²² khuã⁴¹ tio⁰.
（我们从台北到台南，都能看到。）

冬梅：听说台湾的基隆港野水？
thiã³³ sə?⁵ tai²⁴ uan²⁴ e⁰ kue³³ laŋ⁵⁵ kaŋ⁵⁵ ia⁵⁵ sui⁵⁵？
（听说台湾的基隆港很漂亮？）

建阳：是啊，基隆的海水诚蓝！
si²² a⁰, kue³³ laŋ⁵⁵ e⁰ hai⁵⁵ tsui⁵⁵ tsiã²⁴ lam²⁴!
（是啊，基隆的海水很蓝！）

冬梅：我也着找一个时间去佚佚咧。
gua^{55} a^{22} tio^{24} tshə^{41} tsit^{24} ge^{24} si^{24} kan^{33} khɯ^{41} thit^{5} thit^{5} lə^{0}.
（我也要找个时间去玩玩。）

课后练习

1.认识语词，并用词语说句：

北京	pak^{5} kiã^{33}	北京
踮	tiam^{41}	住
佚	thit^{5}	玩
四界	siak^{5} kue^{41}	到处
长城	tŋ^{24} siã^{24}	长城
故宫	kɔ^{41} kiɔŋ^{33}	故宫
后海	hio^{22} hai^{55}	后海
青海	tshiŋ^{33} hai^{55}	青海
西藏	se^{33} tsɔŋ^{41}	西藏
厝里人	tshu^{41} lai^{22} laŋ^{24}	家人
海上丝绸之路	hai^{55} siɔŋ^{41} si^{33} tiu^{24} tsi^{33} lɔ^{41}	海上丝绸之路
读册	thak^{24} tsheʔ^{5}	读书
阿里山	a^{55} li^{55} san^{33}	阿里山
日月潭	lit^{24} guat^{24} tham^{24}	日月潭
妈祖生	bã^{55} tsɔ^{55} sĩ^{33}	妈祖诞辰
台北	tai^{24} pak^{5}	台北
台南	tai^{24} lam^{24}	台南
歌仔戏	kua^{33} a^{55} hi^{41}	歌仔戏

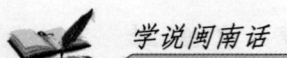

布袋戏	pɔ⁴¹ tə⁴¹ hi⁴¹	木偶戏
基隆	kue³³ laŋ⁵⁵	基隆

2. 语法点：特殊句式（三）

处置句："共"[kaŋ⁴¹]字句

普通话中典型的处置句用介词"把"表示。闽南语中也有处置句，只是使用不同的介词而已，在说普通话时却不能简单地对译。

闽南语的处置句多用"将"字表示，如"将门关起来"（把门关起来）。"将"与"把"基本对应。闽南语还有一个介词"共[kaŋ⁴¹]"，可以表示处置。这个"共"字译成普通话时闽南人常拿"给"字去套，结果变成被动句；另外，有些句子也不能简单地把"共"译成"把"，否则会闹出笑话来。例如："狗共伊关起来"，不能译成"狗把它关起来"，而应译成"把狗关起来"。

闽南语"共"字句在用法上与普通话的差别，大致可以概括为下述几种情况：

a. 句式与普通话一样，"共"="把"

闽南语	普通话
共伊叫来。	把他叫来。
共小王掠来。	把小王抓来。
共我拍破皮咯。	把我的皮肤弄破了。

b.句式与普通话不同,学习者要根据实际含义翻译,不能生搬硬套。例如:

闽南语	普通话	注意事项
碗共伊收起来。	把碗收起来。	"共"不能译为"给";"把"字应调到主语前。
人客共伲请入来。	把客人请进来。	
饭共人食了了。	把饭都吃光了。	
汤共我煮一碗。	汤给我煮一碗。	不是"把"字句;应译为"给""替""帮"。
大嫂共人洗衫裤。	大嫂替人洗衣裳。	
桌共伊搬一块。	桌子帮他搬一张。	

3.语音延伸:喉塞音ʔ

喉塞音ʔ经常和韵母组合,构成喉塞复韵母。发音时,舌根抬高阻塞气流,形成短促的音。如:

闭:瞇 khueʔ⁵

打麻将:跛麻雀 puaʔ²⁴ ba²⁴ tshiɔkʔ⁵

拆:拆 thiaʔ⁵

迈:伐 huaʔ²⁴

踩:踏 taʔ²⁴

摔:跛 puaʔ²⁴

4. 句子练习

(1)小丽,碗共伊收起来,伯来泡茶。(小丽,把碗收起来,我们泡茶。)

好,随时就来。(好,马上就来。)

57

(2) 汤共我啉了了，也无留淡薄。（把汤都喝完了，也没有留一点给我。）

袂要紧，各煮淡薄。（不要紧，再煮一点。）

(3) 卜落雨咯，册共伊搬入来。（要下雨了，把书搬进来。）

无拙紧落。（没那么快下。）

(4) 伯来去台湾佚佗。（咱们去台湾玩玩。）

好啊，听说台湾的阿里山、日月潭真水。（好啊，听说台湾的阿里山、日月潭很漂亮。）

(5) 我想卜国庆节去泉州。（我想国庆节去泉州。）

去泉州着三四月的时阵，迄时刺桐花开咯，真水。（去泉州要三四月份的时候，那时刺桐花开了，真漂亮。）

第七课　购物
te⁴¹ tshit⁵ kho⁴¹　kio³³ but²⁴

一　买菜
it⁵　bue⁵⁵ tshai⁴¹

冬梅：阿伯，请问菠伦菜一斤偌钱？
a⁵⁵ peʔ⁵, tshiã⁵⁵ bŋ⁴¹ pɔ³³ lun²⁴ tshai⁴¹ tsit²⁴ kun³³ lua²² tsĩ²⁴?
（阿伯，请问菠菜一斤多少钱？）

阿伯：一斤四箍。
tsit²⁴ kun³³ si⁴¹ khɔ³³.
（一斤四块钱。）

冬梅：萝卜佮甘仔得一斤偌钱？
la²⁴ pak²⁴ kap⁵ kam³³ bã⁵⁵ tit⁵ tsit²⁴ kun³³ lua²² tsĩ²⁴?
（萝卜和西红柿一斤多少钱？）

阿伯：萝卜较俗，一斤两箍二，
la²⁴ pak²⁴ kha⁴¹ siɔk²⁴, tsit²⁴ kun³³ lŋ²² khɔ³³ li⁴¹,
（萝卜比较便宜，一斤两块两毛，）

甘仔得较贵，一斤六箍。

kam³³ bã⁵⁵ tit⁵ kha⁴¹ kui⁴¹, tsit²⁴ kun³³ lak²⁴ khɔ³³.

（西红柿比较贵，一斤六块。）

冬梅：今仔日有蕹菜无？

kin³³ lã⁵⁵ lit²⁴ u²² iŋ⁴¹ tshai⁴¹ bo⁰?

（今天有空心菜吗？）

阿伯：蕹菜卖了咯。

iŋ⁴¹ tshai⁴¹ bue⁴¹ liau⁵⁵ lɔ⁰.

（空心菜卖完了。）

冬梅：共我称一把菠伦菜、三粒甘仔得。

kaŋ⁴¹ gua⁵⁵ tshin⁴¹ tsit²⁴ pe⁵⁵ pɔ³³ lun²⁴ tshai⁴¹、sã³³ liap²⁴ kam³³ bã⁵⁵ tit⁵.

（帮我称一把菠菜、三个西红柿。）

阿伯：好。菠伦菜斤二重，四箍八，

hoˀ⁵⁵. pɔ³³ lun²⁴ tshai⁴¹ kun³³ li⁴¹ taŋ²², si⁴¹ khɔ³³ pueʔ⁵,

（好。菠菜一斤二两，四块八，）

甘仔得斤一重，六箍六，

kam³³ bã⁵⁵ tit⁵ kun³³ itˀ⁵ taŋ²², lak²⁴ khɔ³³ lak²⁴,

（西红柿一斤一两，六块六，）

拢共十一箍四。

liɔŋ⁵⁵ kiɔŋ⁴¹ tsap²⁴ it⁵ khɔ³³ si⁴¹.

（一共十一块四毛钱。）

冬梅：好，钱度汝。

ho⁵⁵, tsĩ²⁴ thɔ⁴¹ lɯ⁰.

（好，给你钱。）

阿伯：我掇汝二十箍，

gua⁵⁵ thueʔ²⁴ lɯ⁵⁵ li⁴¹ tsap²⁴ khɔ³³,

（我拿你二十块钱，）

拄汝八箍六。

tu⁵⁵ lɯ⁵⁵ pueʔ⁵ khɔ³³ lak²⁴.

（找你八块六毛钱。）

二　买果子（买水果）

li⁴¹　bue⁵⁵ kə⁵⁵ tsi⁵⁵

冬梅：后生家，请问荔枝一斤偌钱？

hau²² sĩ³³ ke³³, tshiã⁵⁵ bŋ⁴¹ lian⁴¹ tsi³³ tsit²⁴ kun³³ lua²² tsĩ²⁴?

（小伙子，请问荔枝多少钱一斤？）

小伙子：十箍银。

tsap²⁴ khɔ³³ gun²⁴.

（十块钱。）

冬梅：拙贵！
　　　tsuaʔ⁵ kui⁴¹!
　　　（这么贵！）

小伙子：是啊，即是海南的荔枝，
　　　si²² a⁰, tsit⁵ si²² hai⁵⁵ lam²⁴ e⁰ lian⁴¹ tsi³³,
　　　（是啊，这是海南的荔枝，）
　　　伯本地的荔未上市。
　　　lan⁵⁵ pun⁵⁵ tue⁴¹ e⁰ ia⁵⁵ bə⁴¹ tsiũ²² tshi²².
　　　（我们本地的荔枝还没上市。）

冬梅：即是甚乜果子？
　　　tsit⁵ si²² siam⁵⁵ bĩʔ⁵ kə⁵⁵ tsi⁵⁵?
　　　（这是什么水果？）

小伙子：拙个计是台湾的果子，汝看暝咧，
　　　tsuaʔ⁵ e²⁴ ke⁴¹ si²² tai²⁴ uan²⁴ e⁰ kə⁵⁵ tsi⁵⁵, lɯ⁵⁵
　　　khuã⁴¹ bai⁴¹ lə⁰,
　　　（这些都是台湾的水果，你看一下，）
　　　即是檨仔，即是莲雾，即是凤梨。
　　　tsit⁵ si²² suan²⁴ lã⁵⁵, tsit⁵ si²² lian²⁴ bu⁴¹, tsit⁵ si²² ɔŋ⁴¹ lai²⁴.
　　　（这是芒果，这是莲雾，这是菠萝。）

冬梅：凤梨一斤偌钱？

ɔŋ⁴¹ lai²⁴ tsit²⁴ kun³³ lua²² tsĩ²⁴?

（菠萝一斤多少钱？）

小伙子：一斤六箍。

tsit²⁴ kun³³ lak²⁴ khɔ³³.

（一斤六块。）

冬梅：我买一粒试瞙咧。

gua⁵⁵ bue⁵⁵ tsit²⁴ liap²⁴ tshi⁴¹ bai⁴¹ lə⁰.

（我买一个试试看。）

小伙子：好，即粒呣歹，拄仔好食。

ho⁵⁵, tsit⁵ liap²⁴ bue²² phai⁵⁵, tu⁵⁵ a⁵⁵ ho⁵⁵ tsiaʔ²⁴.

（好，这粒不错，刚好可以吃。）

三斤二，十九箍二。

sã³³ kun³³ li⁴¹, tsap²⁴ kau⁵⁵ khɔ³³ li⁴¹.

（三斤二，十九块两毛。）

冬梅：好，钱度汝，拄好有散的。

ho⁵⁵, tsĩ²⁴ thɔ⁴¹ lɯ⁰, tu⁵⁵ ho⁵⁵ u²² suã⁵⁵ e⁰.

（好，给你钱，刚好有零钱。）

小伙子：拄拄好。道谢！

tu^{55} tu^{55} ho^{55}.tɔ^{22} sia^{41}！

（刚刚好。谢谢！）

三　买衫裤（买衣服）

sã^{33}　　bue^{55} sã^{33} kho^{41}

平安：请问即领衬衫有中码的无？

tshiã^{55} bŋ^{41}tsit^5 liã^{55} tshan^{41} sã^{33} u^{22} tiɔŋ^{33} be^{55} e^0 bo^0？

（请问这件衬衫有中码的吗？）

服务员：有，汝小等一下。

u^{22}，lɯ^{55} sio^{55} tan^{55} tsit^0 e^0.

（有，您稍等一下。）

（五分钟后）

服务员：即领就是中码的，

tsit^5 liã^{55} tsiu^{41} si^{22} tiɔŋ^{33} be^{55} e^0,

（这件就是中码的，）

汝试一下。

lɯ^{55} tshi^{41} tsit^0 e^0.

（您试试看。）

平安：煞歹，大细挂仔好，

　　　bue²² phai⁵⁵, tua⁴¹ sue⁴¹ tu⁵⁵ a⁵⁵ ho⁵⁵,

　　　（很不错，大小刚好，）

　　　就是白的较易腌臜，

　　　tsiu⁴¹ si²² peʔ²⁴ e⁰ kha⁴¹ kue⁴¹ a³³ tsam³³,

　　　（就是白色的比较容易脏，）

　　　有别乜色无？

　　　u²² patʔ²⁴ bĩʔ⁵ siak⁵ bo⁰?

　　　（有其他颜色吗？）

服务员：有，有蓝色佮乌色的。

　　　　u²², u²² lam²⁴ siak⁵ kap⁵ ɔ³³ siak⁵ e⁰.

　　　　（有，有蓝色和黑色的。）

平安：汝乌色的掞一领我试瞆咧。

　　　lɯ⁵⁵ ɔ³³ siak⁵ e⁰ thueʔ²⁴ tsit²⁴ liã⁵⁵ gua⁵⁵ tshi⁴¹ bai⁴¹ lə⁰.

　　　（你拿一件黑色的我试试。）

（试完衣服）

服务员：汝穿即领野好看，

　　　　lɯ⁵⁵ tshiŋ⁴¹ tsit⁵ liã⁵⁵ ia⁵⁵ ho⁵⁵ khuã⁴¹,

　　　　（你穿这件很好看，）

　　　　有爱挃无？

65

u²² ai⁴¹ ti?²⁴ bo⁰?

（喜欢吗？）

平安：好，就即领。

ho⁵⁵, tsiu⁴¹ tsit⁵ liã⁵⁵.

（好，就这件。）

课后练习

1.认识语词，并用词语说句：

菠伦菜	pɔ³³ lun²⁴ tshai⁴¹	菠菜
计	ke⁴¹	都
萝卜	la²⁴ pak²⁴	萝卜
甘仔得	kam³³ bã⁵⁵ tit⁵	西红柿
较俗	kha⁴¹ siɔk²⁴	比较便宜
佮	kap⁵	和
较	kha⁴¹	比较
斤	kun³³	斤
箍	khɔ³³	块
果子	kə⁵⁵ tsi⁵⁵	水果
荔枝	lian⁴¹ tsi³³	荔枝
檨仔	suan²⁴ lã⁵⁵	芒果
莲雾	lian²⁴ bu⁴¹	莲雾
凤梨	ɔŋ⁴¹ lai²⁴	菠萝
散的	suã⁵⁵ e⁰	零钱

拄拄好	tu^{55} tu^{55} ho^{55}	刚刚好
衫裤	sã^{33} khɔ^{41}	衣服
呣歹	bue^{22} phai^{55}	不错
乌色	ɔ^{33} siak^{5}	黑色
白的	peʔ^{24} e^{0}	白色的
易	kue^{41}	容易
爱挃	ai^{41} tiʔ^{24}	喜欢

2．语法点：特殊句式（四）

被动句："乞[kit^5]字句"

闽南语的被动句，其基本类型与普通话相近。都可以使用无介词句式。例如："标语贴好了"，闽南语与普通话说法一样。普通话有以"被、让、给、叫"为介词的"被"字句，闽南语也有表示被动的"乞[kit^5]"、"度[thɔ^{41}]"、"腾[tŋ^{24}]"、"互[hɔ^{41}]"为介词的被动句。学习闽南语，要注意"乞"字句的使用方式：

A．"乞"之后的宾语一定要出现，不能像普通话那样，"被"字之后的宾语可以不说。例如：

普通话：书被人拿走了。　　书被拿走了。

闽南语：册乞人捛去咯。　　册乞捛去咯。(×)

B．"乞"字句常套加"共"字句，这是为了强调受事主语或行为动作的对象，说普通话时，"共"字句部分不宜对译出来。例如：

闽南语	普通话
茶杯度人共我拍破咯。	茶杯被人打破了。
衫裤互水共伊喷澹去。	衣服被水喷湿了。
头毛腾人共我绞去。	头发被人剪掉。

上述句式如果直译为："头发被人给我剪掉"或"头发被人把我剪掉"就十分别扭。

C. 把"乞"字句转译成普通话时，不要把"乞"、"互"、"度"、"腾"误译成"给"字，这是要特别引起注意的。例如：

老鼠互猫咬去咯。——
　　老鼠给猫咬去了。（错）
　　老鼠被猫叼走了。（对）

蛇拍度伊死。——
　　蛇打给它死。（错）
　　把蛇打死。（对）

3.语音延伸：文读和白读

文读音产生的时代较晚，通常用于诵读诗文，闽南人叫做"孔子白"，白读音也叫白话音，是日常生活中使用的读音，闽南人也叫"土音"。在全国各方言中，闽南语的文白异读最为丰富。就一般情况来说，文读音给人比较文雅、比较接近官话音的感觉，白读音给人比较古朴、传统的感觉。例如：

学

文读：[hak²⁴]——学习、学问、学报、学科、学年、学士、文学、教学、科学、物理学

白读：[oʔ²⁴]——学堂、小学、中学、大学、学文化、学技术

许多较为通俗的双音节词，在闽南语的日常生活交际中，既有全用白读或文读，也有文白交叉的情况。如：

白+白——笑话　火星
文+文——平安　山川
文+白——公园　表兄
白+文——书本　十分

这种读音一般是约定俗成的，如果违背了就会影响交际效果，甚至闹出笑话。例如"厦门大学"要用白读，读成"e²²mŋ²⁴tua⁴¹ oʔ²⁴"，简称"厦大"，就应该读成"ha⁴¹tai⁴¹"。

值得一提的是，闽南语中的姓氏要用白读，如"程咬金"的"程"读[thiã²⁴]，不读[thiŋ²⁴]，人名则一般文读。

再如：

三国：[sã³³ kɔk⁵] 指不特定的三个国家
　　　[sam³³ kɔk⁵] 指魏蜀吴三国
大家　[tua⁴¹ ke³³] 指大家庭
　　　[tai⁴¹ ke³³] 指众人
先生　[sui³³ sĩ³³] 指先出生
　　　[sian³³ sĩ³³] 指老师或者医生

伤寒　[siũ³³ kuã²⁴]　太冷的意思

　　　　[siɔŋ³³ han²⁴]　指一种疾病

加工　[ke³³ kaŋ³³]　指多余或白费力气

　　　　[ka³³ kaŋ³³]　指把原材料制成成品或使物品精良化

4．句子练习

（1）即领衫乞人共我拍破咯。（这件衣服被人弄破了。）

　　　赡要紧，补一下就好。（不要紧，补一下就好了。）

（2）拙个果子互人买了了咯。（这些水果都被买完了。）

　　　看来是好食，伯明仔日则来买。（看来是挺好吃的，我们明天才来买。）

（3）汝有逐日买菜无？（你每天买菜吗？）

　　　我一般两日买一摆。（我一般两天买一次。）

（4）头毛共我绞伤短，歹看。（头发被剪得太短了，不好看。）

　　　赡要紧，野紧就长咯。（不要紧，很快就长了。）

（5）市场里果子野济。（市场里水果很多。）

　　　是啊，即批则随随到。（是啊，这批才刚刚到。）

第八课　时节
te⁴¹ pueʔ⁵ kho⁴¹　siʔ²⁴ tsueʔ⁵

一　日期
it⁵　lit²⁴ ki²⁴

平安：（问阳历）今仔日几号？
kin³³ lã⁵⁵ lit²⁴ kui⁵⁵ ho⁴¹?
（今天几号？）

小丽：九号。
kau⁵⁵ ho⁴¹.
（九号。）

平安：明仔日是恁老母的生日。
bin²⁴ lã⁵⁵ lit²⁴ si²² lin⁵⁵ lau²² bu⁵⁵ e⁰ sĩ³³ lit²⁴.
（明天是你妈妈的生日。）

小丽：是唔？我记咧是后日。
si²² m⁰? gua⁵⁵ ki⁴¹ lit⁵ si²² au²² lit⁰.
（是吗？我记得是后天。）
明仔日是拜几啊？
bin²⁴ lã⁵⁵ lit²⁴ si²² pai⁴¹ kui⁵⁵ a⁰?

（明天是星期几？）

平安：明仔日拄好是拜日。
　　　bin²⁴ lã⁵⁵ lit²⁴ tu⁵⁵ ho⁵⁵ si²² pai⁴¹ lit²⁴.
　　　（明天刚好是星期天。）

小丽：安尼是我记诞咯。
　　　an³³ li³³ si²² gua⁵⁵ ki⁴¹ tã⁴¹ lɔ⁰.
　　　（这样是我记错了。）
　　　伯来去买一盒鸡卵糕。
　　　lan⁵⁵ lai²⁴ khɯ⁴¹ bue⁵⁵ tsit²⁴ aʔ²⁴ kue³³ nŋ²² ko³³.
　　　（咱们去买一盒蛋糕吧。）

二　四　季
li⁴¹　　si⁴¹ kui⁴¹

平安：明仔礼拜日，
　　　bin²⁴ lã⁵⁵ le⁵⁵ pai⁴¹ lit²⁴,
　　　（明天星期天，）
　　　伯来去哪佚一下？
　　　lan⁵⁵ lai²⁴ khɯ⁴¹ to²⁴ thit⁵ tsit⁰ e⁰?
　　　（我们去哪里玩玩吧？）

冬梅：好啊，我也想出去行行咧。

ho^{55} a^0, gua^{55} a^{22} siũ^{22} tshut^5 khɯ^{41} kiã^{24} kiã^{24} lə^0.

（好啊，我也想出去走走。）

汝看哪落较好势？

lɯ^{55} khuã^{41} to^{55} lo$ʔ^5$ kha^{41} ho^{55} se^{41}?

（你看哪里比较合适？）

平安：即站时是春天，花计开咯，

tsit^5 tsam^{22} si^{24} si^{22} tshun^{33} thĩ^{33}, hue^{33} ke^{41} khui^{33} lɔ^0,

（现在是春天，花儿都开了，）

伯来去看花，汝看障仔？

lan^{55} lai^{24} khɯ^{41} khuã^{41} hue^{33}, lɯ^{55} khuã^{41} tsiũ^{41} ã^{55}?

（我们去看花，你看怎么样？）

冬梅：好啊！

ho^{55} a^0!

（好啊！）

三 节 日

sã^{33}　tsiat^5 lit^{24}

冬梅：（打电话）喂，是平安嗬？我是冬梅。

ue^{24}, si^{22} piŋ^{24} an^{33} m^0? gua^{55} si^{22} tɔŋ^{33} buĩ^{24}.

（喂，是平安吗？我是冬梅。）

平安：汝好，冬梅！

　　　　lɯ⁵⁵ ho⁵⁵, tɔŋ³³ buĩ²⁴!

　　　　（你好，冬梅！）

　　　　诚久无听着汝的声说咯，

　　　　tsiã²⁴ ku⁵⁵ bo²⁴ thiã³³ tioʔ²⁴ lɯ⁵⁵ e⁰ siã³³ səʔ⁵ lɔ⁰,

　　　　（很久没听到你的声音了，）

　　　　恁计好呣？

　　　　lin⁵⁵ ke⁴¹ ho⁵⁵ m⁰?

　　　　（你们都好吗？）

冬梅：计野好！

　　　　ke⁴¹ ia⁵⁵ ho⁵⁵!

　　　　（都很好！）

　　　　各几日就是春节咯，

　　　　koʔ⁵ kui⁰ lit⁰ tsiu⁴¹ si²² tshun³³ tsiat⁵ lɔ⁰,

　　　　（再过几天就是春节了，）

　　　　汝卜倒来大陆过年呣？

　　　　lɯ⁵⁵ bəʔ⁵ to⁴¹ lai²⁴ tai⁴¹ liɔk²⁴ kə⁴¹ lĩ²⁴ m⁰?

　　　　（你要回来大陆过年吗？）

平安：我拍算清明倒去祭祖。

　　　　gua⁵⁵ phaʔ⁵ sŋ⁴¹ tshuĩ³³ biã²⁴ to⁴¹ khɯ⁴¹ tse⁴¹ tsɔ⁵⁵.

　　　　（我打算清明节回去祭祖。）

第八课 时 节

冬梅：我记得汝旧年是中秋斡倒来的？
gua^{55} ki^{41} lit^5 lɯ^{55} ku^{41} li^{24} si^{22} tiɔŋ^{33} tshiu^{33} uat^5 to^0 lai^0 e^0?
（我记得你去年是中秋节回来的？）

平安：是，旧年中秋阮孙仔结婚，我倒去咯。
si^{22}, ku^{41} li^{24} tiɔŋ^{33} tshiu^{33} gun^{55} sun^{33} lã^{55} kiat^5 hun^{33},
gua^{55} to^{41} khɯ^{41} lɔ^0.
（是，去年中秋节我侄儿结婚，我回去了。）

冬梅：汝清明斡倒来，
lɯ^{55} tshuĩ^{33} biã^{24} uat^5 to^0 lai^0,
（你清明节回来，）
甚乇时节卜倒去？
siam^{55} bĩʔ^5 si^{24} tsueʔ^5 bəʔ^5 to^{41} khɯ^0?
（什么时候要回去？）

平安：五月节过。
gɔ^{22} gəʔ^{24} tsueʔ^5 kə^{41}.
（端午节过完再回。）

冬梅：安尼好，遘时伯则聚一下。
an^{33} li^{33} ho^{55}, kau^{41} si^{24} lan^{55} tsiaʔ^5 tsu^{41} tsit^0 e^0.
（这样好，到时我们再聚一下。）

课后练习

1.认识语词,并用词语说句:

几号	kui⁵⁵ ho⁴¹	几号（既可以表示日期,也可以表示座位号。）
礼拜日	le⁵⁵ pai⁴¹ lit²⁴	星期天
明仔日	bin²⁴ lã⁵⁵ lit²⁴	明天
后日	au²² lit⁰	后天
记诞	ki⁴¹ tã⁴¹	记错
春天	tshun³³ thĩ³³	春天
过年	kə⁴¹ lĩ²⁴	过年
拍算	phaʔ⁵ sŋ⁴¹	打算
孙仔	sun³³ lã⁵⁵	侄儿
祭祖	tse⁴¹ tsɔ⁵⁵	祭祖
斡倒来	uat⁵ to⁰ lai⁰	回来
倒去	to⁴¹ khɯ⁰	回去

2．语法点:特殊句式（五）

比较句

比较句一般可以分为等比和差比两种类型。闽南语等比式与普通话基本相同,仅是副词有别而已。

仔细阅读下列各句,寻找出闽南语和普通话的差异：

闽南语	普通话
我佮伊平平肥。	我和他一样胖。
即蕊花佮迄蕊平红。	这朵花和那朵一样红。
伊野亲像㑑阿姊。	他很像他姐姐。
伊佮㑑外公厮同。	他和他外祖父一个样。

闽南语差比式有与普通话相同的句式,如:

闽南语	普通话
小王比我聪明。	小王比我聪明。
陈先比我早两届。	陈先生比我早两届。
我无伊肥。	我没有他胖。
峨眉山无华山险。	峨眉山不如华山险峻。

也有与普通话不同的句式,如:

闽南语	普通话
我比伊较大。	我比他大。
即支笔比迄支较好写。	这根笔比那根好写。
我较肥伊。	我比他胖。
汝较好伊淡薄。	你比他好一点儿。
我肥汝十斤。	我比你胖十斤。

| 伊矮我两公分。 | 他比我矮两厘米。 |

3.语音延伸：变调（一）

常规变调

在闽南语中，凡由两个或两个以上的音节组成的词语，有几种情况是不变调的：词语的最后一个音节、轻声前的音节、表示语音停顿的音节，其他音节的声调往往都要发生变化。请看下面的变调规律，并读出例词。

调类	阴平	阳平	阴上	阳上	去声		阴入		阳入
原调	33	24	55	22	41		5		24
变调	无	22	24	无	55 古清音	22 古浊音	24 收[ptk]	无 收[ʔ]	22
例词	中心 中文 中点 中断 中路 中国 中轴	前山 前台 前手 前后 前面 前册 前额	走光 走廊 走狗 走动 走步 走卒 走读	后山 后场 后面 后落 后过 后壁 后箱	过关 过场 过火 过溪 过目 过山 过重	电灯 电工 电表 电箱 电力 电线 电视	出山 出动 出发 出头 出纳 出现 出日	拍伤 拍球 拍战 拍铁 拍断 拍杂 拍板	日光 日头 日后 日色 日昼 日历 日子

从上表可以看出一些规律：

A.阴平和阳上两个调类连读时不变调。

B.去声和阴入有两种变调。

C.阳调类连读变调时一律读阳上。

D.后一个音节的声调虽然不同,但变调却是一样的。

4．句子练习

(1) 一年四季,汝较爱哪一季?(一年四季,你比较喜欢哪个季节?)

我较爱春天,春天的花开了野水。(我比较喜欢春天,春天的花开得很漂亮。)

(2) 汝的生日是甚乇时阵?(你什么时候生日?)

旧历九月初八。(农历九月初八。)

(3) 汝中秋节卜倒去无?(你中秋节回家吗?)

卜,我佮阮老母说好咯,做阵去看阮外家妈。(要,我跟我妈说好了,一起去看我外婆。)

(4) 明仔日是拜日,着好好休息。(明天是星期天,要好好休息。)

是啊,即摆一直加班,野癀。(是啊,这次一直加班,很累。)

(5) 汝较爱甚乇节日啊?(你比较喜欢什么节日?)

我较爱春节,简仔计倒来,厝里野闹热。(我比较喜欢春节,孩子都回来,家里非常热闹。)

第九课　　读册（读书）
te⁴¹ kau⁵⁵ kho⁴¹　　thak²⁴ tsheʔ⁵

一　　问学堂（问学校）
itˀ⁵　　bŋ⁴¹ oʔ²⁴ tŋ²⁴

冬梅：平安，恁囝偌大咯？
　　　piŋ²⁴ an³³, lin⁵⁵ kã⁵⁵ lua²² tua⁴¹ lɔ⁰?
　　　（平安，你的儿子多大了？）

平安：过即个年实岁三岁咯。
　　　kə⁴¹ tsit⁵ ge²⁴ li²⁴ sit²⁴ hə⁴¹ sã³³ hə⁴¹ lɔ⁰.
　　　（过这个年三周岁了。）

冬梅：野紧哦，会读幼儿园得咯。
　　　ia⁵⁵ kin⁵⁵ ɔ⁰, e²² thak²⁴ iu⁴¹ li²⁴ hŋ²⁴ lit⁰ lɔ⁰.
　　　（很快呀，可以读幼儿园了。）

平安：是啊，即站时找学堂无喝易，
　　　si²² a⁰, tsit⁵ tsam²² si²⁴ tshə⁴¹ oʔ²⁴ tŋ²⁴ bo²⁴ huaʔ⁵ kue⁴¹,
　　　（是啊，现在找学校不容易，）
　　　唔知卜读哪一间？
　　　m⁴¹ tsai³³ bəʔ⁵ thak²⁴ to⁵⁵ tsit²⁴ kuĩ³³?

第九课 读册（读书）

（不知道要上哪所？）

冬梅：幼儿园也是就近较方便。
iu⁴¹ li²⁴ hŋ²⁴ ia⁵⁵ si²² tsiu⁴¹ kun³³ kha⁴¹ hɔŋ³³ pian⁴¹.
（读幼儿园还是就近比较方便。）

平安：泉州哪一间小学较好？
tsuan²⁴ tsiu³³ to⁵⁵ tsit²⁴ kuĩ³³ sio⁵⁵ oʔ²⁴ kha⁴¹ ho⁵⁵?
（泉州哪所小学比较好？）
我拍算度简仔倒去泉州读册。
gua⁵⁵ phaʔ⁵ sŋ⁴¹ thɔ²² kan⁵⁵ lã⁵⁵ to⁴¹ khɯ⁴¹ tsuan²⁴ tsiu³³ thak²⁴ tsheʔ⁵.
（我打算让孩子回到泉州读书。）

冬梅：好的学堂野济，
ho⁵⁵ e⁰ oʔ²⁴ tŋ²⁴ ia⁵⁵ tsue⁴¹,
（好的学校很多，）
亲像泉州市实验小学、晋光小学计舱歹。
tshin³³ tshiũ²² tsuan²⁴ tsiu³³ tshi²² sit²⁴ giam⁴¹ sio⁵⁵ oʔ²⁴、tsin⁴¹ kɔŋ³³ sio⁵⁵ oʔ²⁴ ke⁴¹ bue²² phai⁵⁵.
（如泉州市实验小学、晋光小学都不错。）

平安：入去读难度诚大哦？
lip²⁴ khɯ⁴¹ thak²⁴ lan²⁴ tɔ⁴¹ tsiã²⁴ tua⁴¹ ɔ⁰?

81

（进去读难度很大吧？）

冬梅：伫片区里手续完整就会读得。
tɯ²² phian⁴¹ khu³³ lai²² tshiu⁵⁵ siɔk²⁴ uan²⁴ tsiŋ⁵⁵ tsiu⁴¹ e²² thak²⁴ lit⁰.
（在片区内手续完整就可以读。）

平安：安尼诚好！
an³³ li³³ tsiã²⁴ ho⁵⁵！
（这样很好！）

二　选择专业
li⁴¹　suan⁵⁵ tiak²⁴ tsuan³³ giap²⁴

建阳：小丽，汝即摆来泉州参加夏令营，
sio⁵⁵ le⁴¹, lɯ⁵⁵ tsit⁵ pai⁵⁵ lai²⁴ tsuan²⁴ tsiu³³ tsham³³ ka³³ ha⁴¹ liŋ⁴¹ iã²⁴,
（小丽，你这次到泉州来参加夏令营，）
会习惯觞？
e²² sip²⁴ kuan⁴¹ bue²²?
（会习惯吗？）

小丽：会，泉州佮台湾的生活习惯接近，
e²², tsuan²⁴ tsiu³³ kap⁵ tai²⁴ uan²⁴ e⁰ siŋ³³ uaʔ²⁴ sip²⁴

kuan⁴¹ tsiap⁵ kun²²,
（会，泉州和台湾的生活习惯接近。）
我感觉亲像伫家己厝里呢。
gua⁵⁵ kam⁵⁵ kak⁵ tshin³³ tshiũ²² tɯ²² kai²² ki⁴¹ tshu⁴¹ lai²² li⁰.
（我感觉像在自己家里呢。）

建阳：我去台湾做交流生也是即个感觉。
gua⁵⁵ khɯ⁴¹ tai²⁴ uan²⁴ tsue⁴¹ kau³³ liu²⁴ sŋ³³ a⁵⁵ si²² tsit⁵ ge²⁴ kam⁵⁵ kak⁵.
（我去台湾做交流生也是这种感觉。）

小丽：我想来大陆读大学。
gua⁵⁵ siũ²² lai²⁴ tai⁴¹ liɔk²⁴ thak²⁴ tua⁴¹ oʔ²⁴.
（我想来大陆读大学。）

建阳：汝爱读甚乜专业？
lɯ⁵⁵ ai⁴¹ thak²⁴ siam⁵⁵ bĩʔ⁵ tsuan³³ giap²⁴？
（你喜欢读什么专业？）

小丽：汉语言文学专业，学汉语方言。
han⁴¹ gɯ⁵⁵ gian²⁴ bun²⁴ hak²⁴ tsuan³³ giap²⁴，oʔ²⁴ han⁴¹ gɯ⁵⁵ hɔŋ³³ gian²⁴.
（汉语言文学专业，学汉语方言。）

建阳：真好，汉语方言非常丰富。
　　　tsin³³ ho⁵⁵, han⁴¹ gɯ⁵⁵ hoŋ³³ gian²⁴ hui³³ sioŋ²⁴ hoŋ³³ hu⁴¹.
　　　（很好，汉语方言非常丰富。）

小丽：是啊，亲像闽南话就野水、野好听。
　　　si²² a⁰, tshin³³ tshiũ²² ban²² lam²⁴ ue⁴¹ tsiu⁴¹ ia⁵⁵ sui⁵⁵、
　　　ia⁵⁵ ho⁵⁵ thiã³³.
　　　（是啊，像闽南话就很美、很好听。）

建阳：汝若是想伫闽南读大学，
　　　lɯ⁵⁵ lã²² si²² siũ²² tɯ²² ban²² lam²⁴ thak²⁴ tua⁴¹ oʔ²⁴,
　　　（如果你想在闽南读大学，）
　　　会做得报考厦门大学。
　　　e²² tsue⁴¹ lit⁵ po⁴¹ khɔ̃⁵⁵ e²² bŋ²⁴ tua⁴¹ oʔ²⁴.
　　　（可以报考厦门大学。）

小丽：我也是安尼拍算的。
　　　gua⁵⁵ a²² si²² an³³ li³³ phaʔ⁵ sŋ⁴¹ e⁰.
　　　（我也是这么打算的。）

三　课程安排
　　　sã³³　kho⁴¹ thiŋ²⁴ an³³ pai²⁴

冬梅：阳阿，去台湾学习会紧张觞?

ioŋ²⁴ a⁰, khɯ⁴¹ tai²⁴ uan²⁴ hak²⁴ sip²⁴ e²² kin⁵⁵ tiũ³³ bue²²?
（阿阳，去台湾学习紧张吗？）

建阳：獪紧张，
bue²² kin⁵⁵ tiũ³³ ,
台湾的先生对大陆的学生诚关心。
tai²⁴ uan²⁴ e⁰ sian³³ sĩ³³ tui⁴¹ tai⁴¹ liɔk²⁴ e⁰ hak²⁴ sŋ³³
tsiã²⁴ kuan³³ sim³³.
（不会紧张，台湾的老师对大陆的学生很关心。）

冬梅：生活顶会适应獪？
sŋ³³ uaʔ²⁴ tiŋ⁵⁵ e²² siak⁵ iŋ⁴¹ bue²²?
（生活适应吗？）

建阳：台湾的饮食佮闽南诚亲像，
tai²⁴ uan²⁴ e⁰ im⁵ sit²⁴ kap⁵ ban²² lam²⁴ tsiã²⁴ tshin³³ tshiũ²²,
（台湾的饮食跟闽南很像，）
我会说闽南话佮普通话，
gua⁵⁵ e²² səʔ⁵ ban²² lam²⁴ ue⁴¹ kap⁵ phɔ⁵⁵ thɔŋ³³ ue⁴¹,
（我会说闽南话和普通话，）
无存在语言障碍，
bo²⁴ tsun²⁴ tsai²² gɯ⁵⁵ gian²⁴ tsiɔŋ³³ gai⁴¹,
（不存在语言障碍，）
真紧就适应。

tsin³³ kin⁵⁵ tsiu⁴¹ siak⁵ iŋ⁴¹.

（很快就适应。）

冬梅：恁一礼拜上几节课？

lin⁵⁵ tsit²⁴ le⁵⁵ bai⁴¹ siɔŋ⁴¹ kui⁵⁵ tsat⁵ kho⁴¹?

（你们一周上几节课？）

建阳：24节，暗暝有时阵着做实验。

li⁴¹ tsap²⁴ si⁴¹ tsat⁵, am⁴¹ bi²⁴ u²² si²⁴ tsun⁴¹ tioʔ²⁴ tsue⁴¹ sit²⁴ giam⁴¹.

（24节，晚上有时要做实验。）

冬梅：平时着加看淡薄册。

piŋ²⁴ si²⁴ tioʔ²⁴ ke³³ khuã⁴¹ tam²² poʔ²⁴ tsheʔ⁵.

（平时要多看一点书。）

建阳：放心，我一定认真学习。

paŋ⁴¹ sim³³, gua⁵⁵ it⁵ tiŋ⁴¹ lin⁴¹ tsin³³ hak²⁴ sip²⁴.

（放心，我一定认真学习。）

课后练习

1.认识语词，并用词语说句：

囝　　　　kã⁵⁵　　　　　　　儿子

幼儿园　　iu⁴¹ li²⁴ hŋ²⁴　　　 幼儿园

学堂	oʔ²⁴ tŋ²⁴	学校
会做得	e²² tsue⁴¹ lit⁵	可以
家己	kai²² ki⁴¹	自己
厝里	tshu⁴¹ lai²²	家里
感觉	kam⁵⁵ kak⁵	感觉
专业	tsuan³³ giap²⁴	专业
汉语方言	han⁴¹ gɯ⁵⁵ hɔŋ³³ gian²⁴	汉语方言
丰富	hɔŋ³³ hu⁴¹	丰富
厦门大学	e²² bŋ²⁴ tua⁴¹ oʔ²⁴	厦门大学
野好听	ia⁵⁵ ho⁵⁵ thiã³³	很好听
野水	ia⁵⁵ sui⁵⁵	很美
紧张	kin⁵⁵ tiũ³³	紧张
关心	kuan³³ sim³³	关心
闽南话	ban²² lam²⁴ ue⁴¹	闽南话
语言	gɯ⁵⁵ gian²⁴	语言
认真	lin⁴¹ tsin³³	认真
实验	sit²⁴ giam⁴¹	实验

2. 语法点：词语重叠（一）

动词和名词的重叠

动词的重叠：

闽南语动词重叠之后，有以下几种表义功能：

一是表示行为动作的周遍性。例如：

食——食食落去（全吃下去）

加——加加起来（全部加起来）

搬——搬搬出去（都搬出去）

赶——赶赶入去（全都赶进去）

二是表示动作行为反复多次。例如：

煮——煮煮伊熟（反复煮到熟）

看——看看伊清楚（认真看清楚）

食——食食伊清气（全部吃干净）

三是词性和含义发生变化。例如：

开(动词)——门开开(形容词：敞开着)

畅(动词)——人畅畅(形容词：乐观开朗)

定(动词)——定定来(副词：经常)

睏(动词)——人睏睏(形容词：像睡的模样，不清醒)

名词的重叠：

闽南语有一部分单音节名词可以重叠，重叠后有两种情况：

第一种情况是变为形容词并且表示程度加深，这类词可以进一步成为三叠式，甚至是四叠式或者五叠式。例如：

水——水水(像水一样稀)——水水水(很稀)

汁——汁汁(混浊不清)——汁汁汁(非常糟糕)

柴——柴柴(呆板)——柴柴柴(非常呆滞)

猴——猴猴(干瘪难看)——猴猴猴(非常干瘦)

冰——冰冰(冰凉状)——冰冰冰（非常冰凉）

皮——皮皮(粗浅)——皮皮皮（非常表面）

布——布布(干涩无味)——布布布（非常干涩无味）

第二种情况是，重叠后表示极端的意思。例如：

尾——尾尾(很后面)——尾尾尾(最后)

边——边边(很边缘)——边边边(极边缘)

底——底底(较底层)——底底底(非常底层)

头——头头(起初)——头头头(最前头)

3.语音延伸：变调（二）

特殊变调

闽南语中单音节形容词和部分单音节动词、名词三叠式，后面两个音节的连读变调与上节课讲述的变调规律一样，但第一个音节的变调却有点特殊，具体的变化规律如下：

1. 声母属于古代清音的去声字，第一个音节由 41 变成 55，如：

气气气[khi^{55} khi^{55} khi^{41}]

2. 收喉塞韵尾[ʔ]的阴入字，第一个音节读原调 5，不变调。如：

阔阔阔[khuaʔ^5 khuaʔ^5 khuaʔ^5]

3. 其余各声调的第一个音节一律读 24，如：

乌乌乌[ɔ^{24} ɔ^{33} ɔ^{33}]

红红红[aŋ^{24} aŋ^{22} aŋ^{24}]

4. 句子练习

（1）伊坐甲边边边，黑板看呣着。（他坐得很靠边，黑板看不到。）

会做得坐中央。（可以坐中间。）

（2）树顶的荔枝是甲红红红。（树上的荔枝很红。）

是啊，看起来野好食。（是啊，看起来很好

吃。）

(3) 台湾佮泉州食的物件是甲同同同。（台湾和泉州吃的东西很像。）

是啊，天时也㑇同。（是啊，气候也一样。）

(4) 伊定定来阮厝里啉茶。（他经常来我家喝茶。）

听说恁厝里的茶獪孬。（听说你家的茶不错。）

第十课　看病
te⁴¹ tsap²⁴ kho⁴¹　khuã⁴¹ pĩ⁴¹

一　选择医院
it⁵　suan⁵⁵ tiak²⁴ i³³ ĩ⁴¹

平安：冬梅，汝即两日佚了障仔？
　　　　toŋ³³ buĩ²⁴, lɯ⁵⁵ tsit⁵ lŋ²² lit²⁴ thit⁵ liau⁵⁵ tsiũ⁴¹ ã⁵⁵?
　　　　（冬梅，你这两天玩得怎么样？）
　　　　我看汝野癐的款。
　　　　gua⁵⁵ khuã⁴¹ lɯ⁵⁵ ia⁵⁵ sian²² e⁰ khuan⁵⁵.
　　　　（我看你很累的样子。）

冬梅：真好佚，佚仔诚癐，
　　　　tsin³³ ho⁵⁵ thit⁵, thit⁵ a⁵⁵ tsiã²⁴ sian²²,
　　　　（很好玩，玩得很累，）
　　　　好像有淡薄仔中暑。
　　　　ho⁵⁵ tshiũ²² u²² tam²² poʔ²⁴ ã⁵⁵ tioŋ⁴¹ sɯ⁵⁵.
　　　　（好像有点中暑。）

平安：可能是天气较热，
　　　　khɔ⁵⁵ lŋ²⁴ si²² thĩ³³ khi⁴¹ kha⁴¹ luaʔ²⁴,
　　　　（可能是天气比较热，）

91

着加啉水。

tioʔ²⁴ ke³³ lim³³ tsui⁵⁵.

（要多喝水。）

冬梅：有，我也啉正气水咯。

u²² , gua⁵⁵ a²² lim³³ tsiŋ⁴¹ khi⁴¹ tsui⁵⁵ lɔ⁰.

（有，我也喝正气水了。）

平安：唔通家己乱食药，

m⁴¹ thaŋ³³ kai²² ki⁴¹ luan⁴¹ tsiaʔ²⁴ ioʔ²⁴ ,

（不要自己乱吃药，）

也是去看先生。

ia⁵⁵ si²² khɯ⁴¹ khuã⁴¹ sian³³ sĩ³³.

（还是去看医生。）

长庚医院离汝踮的酒店诚近。

tŋ²⁴ kĩ³³ i³³ ĩ⁴¹ li²⁴ lɯ⁵⁵ tiam⁴¹ e⁰ tsiu⁵⁵ tiam⁴¹ tsiã²⁴ kun³³.

（长庚医院离你住的酒店很近。）

冬梅：好，厦门也有长庚医院，赡歹的，我等咧就去。

ho⁵⁵, e²² bŋ²⁴ a²² u²² tŋ²⁴ kĩ³³ i³³ ĩ⁴¹, bue²² phai⁵⁵ e⁰,

gua⁵⁵ tan⁵⁵ lə⁰ tsiu⁴¹ khɯ⁴¹.

（好，厦门也有长庚医院，不错的，我等会儿就去。）

二　选择科室
li⁴¹　suan⁵⁵ tiak²⁴ khə³³ siak⁵

冬梅：汝好，我漏屎，有淡薄发烧，
lɯ⁵⁵ ho⁵⁵, gua⁵⁵ lau⁴¹ sai⁵⁵, u²² tam²² poʔ²⁴ huat⁵ sio³³,
（你好，我拉肚子，有点儿发烧，）
着挂哪一科？
tioʔ²⁴ kua⁴¹ to⁵⁵ tsit²⁴ khə³³?
（要挂哪一科？）

咨询员：汝会做得挂里科。
lɯ⁵⁵ e²² tsue⁴¹ lit⁵ kua⁴¹ lai²² khə³³.
（您可以挂内科。）

冬梅：伫哪落挂号？
tɯ²² to⁵⁵ loʔ⁵ kua⁴¹ ho⁴¹?
（在哪儿挂号？）

咨询员：伫门诊的一楼大厅。
tɯ²² bun²⁴ tsin⁵⁵ e⁰ it⁵ lau²⁴ tua⁴¹ thiã³³.
（在门诊的一楼大厅。）

冬梅：请问里科门诊伫哪落？
tshiã⁵⁵ bun²⁴ lai²² khə³³ bun²⁴ tsin⁵⁵ tɯ²² to⁵⁵ loʔ⁵?

（请问内科门诊在哪儿？）

咨询员：伫二楼的倒手爿。
ɯ²² li⁴¹ lau²⁴ e⁰ tɔ⁴¹ tsiu⁵⁵ puĩ²⁴.
（在二楼的左手边。）

冬梅：好，道谢！
hɔ⁵⁵, tɔ²² sia⁴¹!
（好，谢谢！）

三　先生看病（医生看病）
sã³³　sian³³ sĩ³³ khuã⁴¹ pĩ⁴¹

冬梅：李先，汝好！
li⁵⁵ sian⁰, lɯ⁵⁵ hɔ⁵⁵!
（李医生，您好！）

李医生：汝好！请问汝哪落飫好势？
lɯ⁵⁵ hɔ⁵⁵! tshiã⁵⁵ bŋ⁴¹ lɯ⁵⁵ tɔ⁵⁵ lɔʔ⁵ bue²² hɔ⁵⁵ se⁴¹?
（您好！请问您哪儿不舒服？）

冬梅：即两日腹肚飫爽，
tsit⁵ lŋ²² lit²⁴ pak⁵ tɔ⁵⁵ bue²² sɔŋ⁵⁵,
（这两天肚子不舒服，）

有淡薄仔漏屎，
u²² tam²² poʔ²⁴ a⁵⁵ lau⁴¹ sai⁵⁵,
（有点拉肚子，）
也各想卜吐。
ia⁵⁵ koʔ⁵ siũ²² bəʔ⁵ thɔ⁴¹.
（还想吐。）

李医生：我看汝面野红，
gua⁵⁵ khuã⁴¹ lɯ⁵⁵ bin⁴¹ ia⁵⁵ aŋ²⁴,
（我看你的脸很红，）
有发烧无？
u²² huat⁵ sio³³ bo⁰?
（有没有发烧？）

冬梅：有淡薄仔发烧，
u²²tam²² poʔ²⁴ a⁵⁵ huat⁵ sio³³,
（有点儿发烧，）
我寝仔量是38度。
gua⁵⁵ tshim⁵⁵ bã⁵⁵ niũ²⁴ si²² sã³³ tsap²⁴ pueʔ⁵ tɔ⁴¹.
（我刚量是38度。）

（医生检查）

李医生：问题无大，主要是热着引起的，
　　　　bun⁴¹ tue²⁴ bo²⁴ tua⁴¹, tsu⁵⁵ iau⁴¹ si²² luaʔ²⁴ tioʔ⁰ in⁵⁵ khi⁵⁵ e⁰,
　　　　（问题不大，主要是中暑引起的，）
　　　　着加啉水，呣通去人济的所在。
　　　　tioʔ²⁴ ke³³ lim³³ tsui⁵⁵, m⁴¹ thaŋ³³ khɯ⁴¹ laŋ²⁴ tsue⁴¹ e⁰ sɔ⁵⁵ tsai²².
　　　　（要多喝水，不要去人多的地方。）

冬梅：好。
　　　ho⁵⁵.
　　　（好。）

李医生：我开三日的药，
　　　　gua⁵⁵ khui³³ sã³³ lit²⁴ e⁰ ioʔ²⁴,
　　　　（我开三天的药，）
　　　　汝倒去按照说明食。
　　　　lɯ⁵⁵ to⁴¹ khɯ⁴¹ an⁴¹ tsiau⁴¹ sǝʔ⁵ biŋ²⁴ tsiaʔ²⁴.
　　　　（你回去按照说明服用。）
　　　　记得着加啉水、加休息。
　　　　ki⁴¹ lit⁵ tioʔ²⁴ ke³³ lim³³ tsui⁵⁵、ke³³ hiu³³ siak⁵.
　　　　（记得要多喝水、多休息。）

冬梅：好，道谢！

ho^{55}, tɔ^{22} sia^{41}！

（好的，谢谢！）

课后练习

1. 认识语词，并用词语说句：

漏屎	lau^{41} sai^{55}	拉肚子
热着	luaʔ^{24} tioʔ^{0}	中暑
啉	lim^{33}	喝
啉水	lim^{33} tsui^{55}	喝水
长庚医院	tŋ^{24} kĩ^{33} ĩ^{33} ĩ^{41}	长庚医院
乱食药	luan^{41} tsiaʔ^{24} ioʔ^{24}	乱吃药
发烧	huat^{5} sio^{33}	发烧
挂号	kua^{41} ho^{41}	挂号
里科	lai^{22} khə^{33}	内科
门诊	bun^{24} tsin^{55}	门诊
倒手爿	to^{41} tshiu^{55} puĩ^{24}	左手边
李先	li^{55} sian^{0}	李医生；李老师
𣍐爽	bue^{22} sɔŋ^{55}	不舒服
吐	thɔ^{41}	吐
休息	hiu^{33} siak^{5}	休息

2. 语法点：词语重叠（二）

形容词的重叠

闽南语双音节形容词重叠与普通话相似，既可以用 AABB 式重叠，重叠后表示程度极深；也可以用 ABAB 式重叠，重叠后表示程度略深。例如：

老实——老老实实（很老实）

——老实老实（有点老实）

清气——清清气气（很清洁）

——清气清气（比较干净）

闽南语单音节形容词重叠式比较有特色，形式丰富，有 AA 式，AAA 式，甚至可以有 AAAA 式和 AAAAA 式。每增加一层重叠，对程度的强调越加深一层。在用法上与普通话也有所不同，方言重叠式可以直接在句中充当补语和谓语。例如：

乌——曝甲乌乌(晒得黑黑的)

曝甲乌乌乌(很黑)

曝甲乌乌乌乌(非常黑)

曝甲乌乌乌乌乌(非常非常黑)

芳——煮甲芳芳(煮得香香的)

煮甲芳芳芳(很香)

红——面仔红红(脸红红的)

面仔红红红(很红)

面仔红红红红红(非常非常红)

有些由动词重叠后转化为形容词的，也有这种多叠功能。例如：

死(动词)——死死：拍甲死死(打得相当狠)

拍甲死死死(打得特别狠)

气(动词)——气气：人气气(人家有点生气)
　　　　　　　人气气气(人家非常生气)

有些形容词重叠后会转化为副词或成为兼有副词功能的兼类词。例如：

圣(形容词)——圣圣无来(副词：果真没来)
长(形容词)——脚长长(形容词：脚较长)
　　　　　——长长无来(副词：经常没来)

其他词类的重叠

除了名词、动词、形容词外，闽南语的量词、介词也能重叠，重叠后随即改变词性。另外，副词的重叠也比普通话多，副词的重叠只是语气加重而已。例如：

粒(量词)——粒粒(形容词：食物没煮烂的状态)
对(介词)——对对(副词：恰恰)
随(副词)——随随(副词：马上)

3．语音延伸：语流音变（三）

这里我们介绍句子中不变调音节的规律：

A.主语部分的最后一个字和谓语部分的最后一个字不变调。

如：小陈伫厝里看电视。
　　阮老爸说暗幂卜去看电影。

B.动宾结构中的宾语末字不变调。

如：伊扌并一袋果子去度老陈。

4．句子练习

（1）草菜是较绿绿绿。（蔬菜很绿。）

　　　　是啊，看了计爱食。（是啊，看了都喜欢吃。）
（2）我看汝面是较红红红。（我看你脸很红。）
　　　　人无爽，有淡薄发烧。（人不舒服，有点发烧。）
（3）汝长长无来上课，安尔无好。（你经常没来上课，这样不好。）
　　　　歹势，我厝里有淡薄代志。（不好意思，我家里有点事情。）
（4）伊穿仔水水，看了野后生。（他穿得很漂亮，看了很年轻。）
　　　　是啊，看起来野缘投。（是啊，看起来很帅气。）
（5）我辛辛苦苦撒倒来的物件，汝着食淡薄。（我辛辛苦苦带回来的东西，你要吃一点。）
　　　　好啊，以后免拙辛苦，伲会做得网顶买。（好啊，以后不用那么辛苦，咱们可以网上买。）

第十一课　　　娱乐
te^{41} tsap^{24} it^5 kho^{41}　　gu^{24} lɔk^{24}

一　周末安排
it^5　　tsiu^{33} buat^{24} an^{33} pai^{24}

平安：阿丽，明仔日是礼拜六，
a^{55} le^{41}, bin^{24} lã^{55} lit^{24} si^{22} le^{55} pai^{41} lak^{24},
（阿丽，明天是星期六，）
汝有甚乜拍算无？
lɯ^{55} u^{22} siam^{55} bĩʔ^5 phaʔ^5 sŋ^{41} bo^0?
（你有什么打算吗？）

小丽：加去一礼拜的班，
ka^{33} khɯ^{41} tsit^{24} le^{55} pai^{41} e^0 pan^{33},
（加了一个星期的班，）
我卜好好䁀一下。
gua^{55} bəʔ^5 ho^{55} ho^{55} khun^{41} tsit^0 e^0.
（我要好好睡一觉。）

平安：我看天气预报咯，
gua^{55} khuã^{41} thĩ^{33} khi^{41} ɯ^{41} po^{41} lɔ^0,
（我看了天气预报，）

明仔日天气𣍐歹,
bin²⁴ lã⁵⁵ lit²⁴ thĩ³³ khi⁴¹ bue²² phai⁵⁵,
（明天天气不错，）
伯出去行行咧。
lan⁵⁵ tshut⁴¹ khɯ⁴¹ kiã²⁴ kiã²⁴ lə⁰.
（我们出去走走。）

小丽：太热咯，出去佚仔一身汗,
thai⁴¹ luaʔ²⁴ lɔ⁰, tshut⁵ khɯ⁴¹ thit⁵ a⁵⁵ tsit²⁴ sin³³ kuã⁴¹,
（太热了，出去玩得一身汗，）
野无爽。
ia⁵⁵ bo²⁴ sɔŋ⁵⁵.
（很不舒服。）

平安：流汗对身体有好处。
lau²⁴ kuã⁴¹ tui⁴¹ sin³³ the⁵⁵ u²² ho⁵⁵ tshɯ⁰.
（流汗对身体有好处。）
明仔日早起汝休息,
bin²⁴ lã⁵⁵ lit²⁴ tsa⁵⁵ khi⁵⁵ lɯ⁵⁵ hiu³³ siak⁵,
（明天上午你休息，）
暗晡伯去海边泅水,
am⁴¹ pɔ³³ lan⁵⁵ khɯ⁴¹ hai⁵⁵ pĩ³³ siu²⁴ tsui⁵⁵,
（下午我们去海边游泳，）
汝看障仔？

lɯ⁵⁵ khuã⁴¹ tsiũ⁴¹ ã⁵⁵?

（你看怎么样？）

小丽：即个主意𣍐孬！

tsit⁵ ge²⁴ tsu⁵⁵ i⁴¹ bue²² phai⁵⁵!

（这个主意不错！）

咱去垦丁，好唔？

lan⁵⁵ khɯ⁴¹ khun⁵⁵ tiŋ³³, ho⁵⁵ m⁰?

（我们去垦丁，好吗？）

平安：好啊，垦丁的沙滩诚清气诚水。

ho⁵⁵ a⁰, khun⁵⁵ tiŋ³³ e⁰ sua³³ thuã³³ tsiã²⁴ tshiŋ³³ khi⁴¹ tsiã²⁴ sui⁵⁵.

（好啊，垦丁的沙滩很干净很漂亮。）

小丽：好啊，就安尼定。

ho⁵⁵ a⁰, tsiu⁴¹ an³³ li³³ tiŋ⁴¹.

（好，就这么定了。）

二　节日安排

li⁴¹　tsiat⁵ lit²⁴ an³³ pai²⁴

建阳：五一节汝想去哪行行咧无？

gɔ²² it⁵ tsiat⁵ lɯ⁵⁵ siũ²² khɯ⁴¹ to⁵⁵ kiã²⁴ kiã²⁴ lə⁰

bo⁰?

（五一节你想去哪儿走走吗？）

冬梅： 五一出门的人太济，

gɔ²² it⁵ tshut⁵ bŋ²⁴ e⁰ laŋ²⁴ thai⁴¹ tsue⁴¹,

（五一出门的人太多，）

我想卜踮厝里看电视、听音乐。

gua⁵⁵ siũ²² bəʔ⁵ tiam⁴¹ tshu⁴¹ lai²² khuã⁴¹ tian⁴¹ si⁴¹、thiã³³ im³³ gak²⁴.

（我想要待在家里看电视、听音乐。）

建阳： 是呣？安尔好，我陪汝看。

si²² m⁰? an³³ li³³ ho⁵⁵, gua⁵⁵ pue²⁴ lɯ⁵⁵ khuã⁴¹.

（是吗？这样好，我陪你看。）

冬梅： 五月一号有一场女子排球赛，

gɔ²² gəʔ²⁴ it⁵ ho⁵⁵ u²² tsit²⁴ tiũ²⁴ lɯ⁵⁵ tsɯ⁵⁵ pai²⁴ kiu²⁴ sai⁴¹,

（五月一号有一场女子排球赛，）

汝有爱看无？

lɯ⁵⁵ u²² ai⁴¹ khuã⁴¹ bo⁰?

（你喜欢看吗？）

建阳： 我爱看，也拍獪歹！

gua⁵⁵ ai⁴¹ khuã⁴¹, a²² phaʔ⁵ bue²² phai⁵⁵!

（我喜欢看，也打得不错！）

冬梅：五月二号，梨园剧院搬《陈三五娘》，

go²² gəʔ²⁴ li⁴¹ ho⁴¹, le²⁴ hŋ²⁴ kiɔk²⁴ ĩ⁴¹ puã³³ 《tan²⁴ sã³³ gɔ²² liũ²⁴》，

（5月2号，梨园剧院演《陈三五娘》，）

听说搬诚好，

thiã³³ səʔ⁵ puã³³ tsiã²⁴ ho⁵⁵,

（听说演得很好，）

汝卜去看唔？

lɯ⁵⁵ bəʔ⁵ khɯ⁴¹ khuã⁴¹ m⁰?

（你要去看吗？）

建阳：太好了！我最爱伯泉州的布袋戏、梨园戏、高甲戏咯。

thai⁴¹ ho⁵⁵ lɔ⁰! gua⁵⁵ tsue⁴¹ ai⁴¹ lan⁵⁵ tsuan²⁴ tsiu³³ e⁰ pɔ⁴¹ tə⁴¹ hi⁴¹、le²⁴ hŋ²⁴ hi⁴¹、kɔ³³ kaʔ⁵ hi⁴¹ lɔ⁰.

（太好了！我最喜欢咱们泉州的木偶戏、梨园戏、高甲戏了。）

冬梅：泉州的南音也野好听，野有韵味，

tsuan²⁴ tsiu³³ e⁰ lam²⁴ im³³ a²² ia⁵⁵ ho⁵⁵ thiã³³, ia⁵⁵ u²² un⁴¹ bi⁴¹,

（是啊，泉州的南音也很好听，很有韵味，）

汝也通去听一下。

lɯ⁵⁵ a²² thaŋ³³ khɯ⁴¹ thiã³³ tsit⁰ e⁰.

105

（你也可以去听听。）

三　课余安排
sã³³　kho⁴¹ ɯ²⁴ an³³ pai²⁴

小丽：建阳，汝无上课的时节做甚乜？
kian⁴¹ iɔŋ²⁴, lɯ²⁴ bo⁵⁵ siɔŋ⁴¹ kho⁴¹ e⁰ si²⁴ tsueʔ⁵ tsue⁴¹ siam⁵⁵ bĩʔ⁵?
（建阳，你没上课的时候做什么？）

建阳：我大部分时间咧看册。
gua⁵⁵ tua⁴¹ pɔ⁴¹ hun⁴¹ si²⁴ kan³³ lə⁵⁵ khuã⁴¹ tsheʔ⁵.
（我大部分时间在看书。）
周末有时阵佮同学出去行行咧，
tsiu³³ buat²⁴ u²² si²⁴ tsun⁴¹ kap⁵ taŋ²⁴ oʔ²⁴ tshut⁵ khɯ⁴¹ kiã²⁴ kiã²⁴ lə⁰,
（周末有时候和同学出去走走，）
看看电影、食食小食。
khuã⁴¹ khuã⁴¹ tian⁴¹ iã⁵⁵、tsia²⁴ tsia²⁴ sio⁵⁵ tsiaʔ²⁴.
（看看电影、吃吃小吃。）

小丽：台湾的美食野济，
tai²⁴ uan²⁴ e⁰ bi⁵⁵ sit²⁴ ia⁵⁵ tsue⁴¹,
（台湾的美食很多，）

台北有赡少所在着去看一下，
tai²⁴ pak⁵ u²² bue²² tsio⁵⁵ sɔ⁵⁵ tsai²² tioʔ²⁴ khɯ⁴¹ khuã⁴¹ tsit⁰ e⁰,
（台北有不少地方要去看看，）
亲像101大楼、台北故宫。
tshin³³ tshiũ²² iau³³ liŋ²⁴ iau³³ tua⁴¹ lau²⁴、tai²⁴ pak⁵ kɔ⁴¹ kiɔŋ³³.
（如101大楼、台北故宫。）

建阳：阮一般一礼拜去一个所在。
　　　gun⁵⁵ it⁵ puã³³ tsit²⁴ le⁵⁵ pai⁴¹ khɯ⁴¹ tsit²⁴ ge²⁴ sɔ⁵⁵ tsai²².
　　　（我们一般一个星期去一个地方。）

小丽：汝平时做甚乜锻炼？
　　　lɯ⁵⁵ piŋ²⁴ si²⁴ tsue⁴¹ siam⁵⁵ bĩʔ⁵ tuan⁴¹ lian⁴¹?
　　　（你平时做什么锻炼？）

建阳：我有时阵去操场散步，
　　　gua⁵⁵ u²² si²⁴ tsun⁴¹ khɯ⁴¹ tshau³³ tiũ²⁴ san⁴¹ pɔ⁴¹,
　　　（我有时候去操场散步，）
　　　有时阵拍桌球，
　　　u²² si²⁴ tsun⁴¹ phaʔ⁵ toʔ⁵ kiu²⁴,
　　　（有时候打乒乓球，）
　　　细汉的时阵经常佮阮小妹拍。

sue⁴¹ han⁴¹ e⁰ si²⁴ tsun⁴¹ kiŋ³³siɔŋ²⁴kap⁵ gun⁵⁵ sio⁵⁵ bə⁴¹ phaʔ⁵.

（小时候经常和我的小妹打。）

小丽： 安尼应该拍呛罗，

an³³ li³³ iŋ⁴¹ kai³³ phaʔ⁵ bue²² phai⁵⁵,

（这样应该打得不错，）

下礼拜日俏做阵来拍桌球，好呣？

e²² le⁵⁵ pai⁴¹ lit²⁴ lan⁵⁵ tsue⁴¹ tin⁴¹ lai²⁴ phaʔ⁵ toʔ⁵ kiu²⁴, ho⁵⁵ m⁰?

（下星期天咱们一起来打乒乓球，好吗？）

建阳： 好啊！

ho⁵⁵ a⁰!

（好啊！）

课后练习

1. 认识语词，并用词语说句：

天气预报	thĩ³³ khi⁴¹ ɯ⁴¹ po⁴¹	天气预报
流汗	lau²⁴ kuã⁴¹	流汗
好处	ho⁵⁵ tshɯ⁰	好处
海边	hai⁵⁵ pĩ³³	海边
暗晡	am⁴¹ pɔ³³	下午
障仔	tsiũ⁴¹ ã⁵⁵	怎么样
沙滩	sua³³ thuã³³	沙滩

清气	tshiŋ³³ khi⁴¹	干净
伯	lan⁵⁵	咱们；我们
拍桌球	phaʔ⁵ toʔ⁵ kiu²⁴	打乒乓球
梨园	le²⁴ hŋ²⁴	梨园戏
南音	lam²⁴ im³³	南音
陈三五娘	tan²⁴ sã³³ gɔ²² liũ²⁴	陈三五娘
所在	sɔ⁵⁵ tsai²²	地方

2．语法点：闽南语的词头与词尾

"阿"：一般做词头，有时也可以做词尾。

闽南语的"阿"字用法较广，具体可以这么使用：

（1）可以在亲属称谓词前加"阿"，如阿兄、阿姊、阿弟、阿伯。

（2）可以在人名前加"阿"，名字留单字，如阿强、阿心、阿英；许多地方也会把"阿"放在人名单字之后，如强阿、心阿、英阿。

（3）可以在排序前加"阿"如阿大、阿二、阿细。

（4）也可以在形容词前加"阿"，表示具有这类特征的人，变成名词了，如阿肥的、阿矮的。

"仔" [a⁵⁵]：做词尾

"仔"是闽南语中常用的一个词尾，表示的意思丰富。例如：

（1）可以用在名词后，表示"小"，这种意思相当于普通话的"子""儿"如囡仔、鸭仔、查某囡仔、椅仔，等等。

（2）可以用在某些名词后，表示轻蔑鄙视憎恶的意思，如阿北仔、土匪仔、乞食仔。

（3）可以放在某些形容词、数量词之后，表示少、小、短的意思，如淡薄仔、小可仔、匀匀仔，等等。

（4）可以作为词嵌，放在某些固定词语的中间，如明仔日、今仔日、椅仔骹，等等。

3．语音延伸：轻声（一）

轻声就是在词或句子里有些音节失去了原有的声调，而变成又轻又短的声音。普通话里有很多的轻声，如东西（表物品）、窗户等，闽南语中，也有轻声。

闽南语中哪些词经常读轻声呢？具体如下：

（1）名词词尾

有关人名的，如：陈先　伟阿　英阿

有关地名、时间或方位的，如：黄厝　落后年　暗时

（2）有些动词词尾如"咧""咯""得"要读轻声。

如：坐咧　　食着咯　　会食得

（3）人称代词作宾语时要读轻声，"人"作为不定代词在句子里读轻声，如：

人咧叫汝。

叫人送去。

呣通吵人。

4．句子练习

（1）阿叔说今仔日卜来。

安尔我等伊，就呣去买衫裤咯。

（2）路野滑，汝免急，匀匀仔行。

　　汝放心。

（3）即个查某简仔野水。

　　是啊，看起来野可爱。

（4）五月节蠓仔野济。（端午节蚊子很多。）

　　是啊，着点蠓香。（是啊，要点蚊香。）

（5）阿英佮阿梅是姊妹。（阿英和阿梅是姐妹。）

　　是，阿强佮阿建是兄弟。（是，阿强和阿建是兄弟。）

第十二课　　工作
te⁴¹ tsap²⁴ li⁴¹ kho⁴¹　　kaŋ³³ tsɔk⁵

一　找头路（找工作）
it⁵　tshə⁴¹ thau²⁴ lɔ⁴¹

冬梅：平安，阮囝今年大学毕业，

piŋ²⁴ an³³, gun⁵⁵ kã⁵⁵ kin³³ lĩ²⁴ tua⁴¹ oʔ²⁴ pit⁵ giap²⁴,

（平安，我儿子今年大学毕业，）

想卜找一个头路。

siũ²² bəʔ⁵ tshə⁴¹ tsit²⁴ ge²⁴ thau²⁴ lɔ⁴¹.

（想要找一个工作。）

平安：哪一间学堂毕业的？

to⁵⁵ tsit²⁴ kuĩ³³ oʔ²⁴ tŋ²⁴ pit⁵ giap²⁴ e⁰?

（哪所学校毕业的？）

学甚乜专业？

oʔ²⁴ siam⁵⁵ bĩʔ⁵ tsuan³³ giap²⁴?

（学什么专业？）

冬梅：泉州华侨大学，

tsuan²⁴ tsiu³³ hua²⁴ kiau²⁴ tua⁴¹ oʔ²⁴,

（泉州华侨大学，）
学建筑设计。
oʔ²⁴ kian⁴¹ tiɔk⁵ siat⁵ ke⁴¹.
（学建筑设计。）

平安：即个专业应该好找头路。
tsit⁵ ge²⁴ tsuan³³ giap²⁴ iŋ⁴¹ kai³³ ho⁵⁵ tshə⁴¹ thau²⁴ lɔ⁴¹.
（这个专业应该好找工作。）

冬梅：无夋易，投两份简历咯，
bo²⁴ huan⁴¹ kue⁴¹, tau²⁴ lŋ²² hun⁴¹ kan⁵⁵ liak²⁴ lɔ⁰,
（没那么容易，投两份简历了，）
野无消息，
ia⁵⁵ bo²⁴ siau³³ sit⁵,
（还没有消息，）
即站时头路歹找。
tsit⁵ tsam²² si²⁴ thau²⁴ lɔ⁴¹ phai⁵⁵ tshə⁴¹.
（现在工作不好找。）

平安：慢慢来，加投几个单位，
ban⁴¹ ban⁴¹ lai²⁴, ke³³ tau²⁴ kui⁵⁵ ge²⁴ tuã³³ ui⁴¹,
（慢慢来，多投几个单位，）
实在无法也会做得家己创业。
sit²⁴ tsai²² bo²⁴ huat⁵ a²² e²² tsue⁴¹ lit⁵ kai²² ki⁴¹ tshɔŋ⁴¹

giap²⁴.

（实在没办法也可以自己创业。）

冬梅：伊想去台湾工作，

i³³ siũ²² khɯ⁴¹ tai²⁴ uan²⁴ kaŋ³³ tsɔk⁵,

（他想到台湾工作，）

若是有好机着厮拍报。

lã²² si²² u²² ho⁵⁵ ki³³ tioʔ²⁴ sã³³ phaʔ⁵ po⁴¹.

（如果有好机会要通个气。）

平安：好啊。

ho⁵⁵ a⁰.

（好啊。）

二　落实工作
li⁴¹　lɔk²⁴ sit²⁴ kaŋ³³ tsɔk⁵

平安：冬梅，阮查某仔找着头路咯，

tɔŋ³³ buĩ²⁴, gun⁵⁵ tsa³³ bɔ⁵⁵ a⁵⁵ tshə⁴¹ tioʔ²⁴ thau²⁴ lɔ⁴¹ lɔ⁰,

（冬梅，我女儿找到工作了，）

明仔日就去上班。

bin²⁴ lã⁵⁵ lit²⁴ tsiu⁴¹ khɯ⁴¹ siɔŋ⁴¹ pan³³.

（明天就去上班。）

冬梅：太好咯，伫哪一个单位？

thai⁴¹ ho⁵⁵ lɔ⁰, tɯ²² to⁵⁵ tsit²⁴ ge²⁴ tuã³³ ui⁴¹?

（太好了，在哪个单位？）

平安：台北成功中学。

tai²⁴ pak⁵ siŋ²⁴ kɔŋ³³ tiɔŋ³³ oʔ²⁴.

（台北成功中学。）

冬梅：呣歹，做先生野好，

bue²² phai⁵⁵, tsue⁴¹ sian³³ sĩ³³ ia⁵⁵ ho⁵⁵,

（不错，做老师很好，）

薪水悬，逐年各有寒暑假。

sin³³ sui⁵⁵ kuĩ²⁴, tak²⁴ lĩ²⁴ koʔ⁵ u²² han²⁴ sɯ⁵⁵ ka⁵⁵.

（工资高，每年还有寒暑假。）

平安：是啊，我也爱简仔教册。

si²² a⁰, gua⁵⁵ a²² ai⁴¹ kan⁵⁵ lã⁵⁵ ka⁴¹ tshe⁴¹.

（是啊，我也喜欢孩子教书。）

冬梅：安尼汝就宽心咯。

an³³ lĩ³³ lɯ⁵⁵ tsiu⁴¹ khuan³³ sim³³ lɔ⁰.

（这样你就不用操心了。）

三 工作待遇

sã³³　kaŋ³³ tsɔk⁵ tai⁴¹ bu⁴¹

建阳：小丽，汝教册，一个月薪水偌济？
sio⁵⁵ le⁴¹, lɯ⁵⁵ ka⁴¹ tshe⁴¹, tsit²⁴ ko⁴¹ gəʔ²⁴ sin³³ sui⁵⁵ lua²² tsue⁴¹?
（小丽，你做老师，一个月工资多少？）

小丽：人民币三千外箍。
lin²⁴ bin²⁴ pe⁴¹ sã³³ tshuĩ³³ gua⁴¹ khɔ³³.
（人民币三千多块。）

建阳：赡歹，老师野有寒暑假，
bue²² phai⁵⁵, lau²² sɯ³³ ia⁵⁵ u²² han²⁴ sɯ⁵⁵ ka⁵⁵,
（不错，老师还有寒暑假，）
通安排家己的代志。
thaŋ³³ an³³ pai²⁴ kai²² ki⁴¹ e⁰ tai⁴¹ tsi⁴¹.
（可以安排自己的事情。）

小丽：是啊！建阳，汝薪水悬唔？
si²² a⁰! kian⁴¹ iɔŋ²⁴, lɯ⁵⁵ sin³³ sui⁵⁵ kuĩ²⁴ m⁰?
（是啊！建阳，你工资高吗？）

第十二课 工作

建阳：我两万外箍台币，

gua^{55} lŋ^{22} ban^{41} gua^{41} khɔ^{33} tai^{24} pe^{41},

（我两万多台币，）

唔故常常着落工地，诚辛苦，

m^{41} ku^{41} siɔŋ^{24} siɔŋ^{24} tioʔ^{24} loʔ^{24} kaŋ^{33} tue^{41}, tsiã^{24} siŋ^{33} khɔ^{55},

（不过经常要下工地，很辛苦，）

热人诚热。

luaʔ^{24} laŋ^{0} tsiã^{24} luaʔ^{24}.

（夏天很热。）

小丽：落工地是较辛苦，

loʔ^{24} kaŋ^{33} tue^{41} si^{22} kha^{41} siŋ^{33} khɔ^{55},

（下工地是比较辛苦，）

有想卜换单位无？

u^{22} siũ^{22} bəʔ^{5} uã^{41} tuã^{33} ui^{41} bo^{0}?

（想要换个单位吗？）

建阳：先安心工作，

suĩ^{33} an^{33} sim^{33} kaŋ^{33} tsɔk^{5},

（先安心工作，）

学淡薄仔本事则说。

oʔ^{24} tam^{22} poʔ^{24} a^{55} pun^{55} sɯ^{41} tsiaʔ^{5} səʔ^{5}.

（学点本事再说。）

小丽：是啊，有学问，有本事，卜食苦，则会出头。
　　　si^{22} a^0, u^{22} hak^{24} bun^{41}, u^{22} pun^{55} $sɯ^{41}$, $bə\textipa{P}^5$ $tsia\textipa{P}^{24}$ $khɔ^{55}$, $tsia\textipa{P}^5$ e^{22} $tshut^5$ $thau^{24}$.

　　　（是啊，有学问，有本事，肯吃苦，才会出头。）

课后练习

1．认识语词，并用词语说句：

专业	$tsuan^{33}$ $giap^{24}$	专业
找头路	$tshə^{41}$ $thau^{24}$ $lɔ^{41}$	找工作
简历	kan^{55} $liak^{24}$	简历
好消息	ho^{55} $siau^{33}$ sit^5	好消息
薪水	sin^{33} sui^{55}	工资
落工地	$lɔ\textipa{P}^{24}$ $kaŋ^{33}$ tue^{41}	下工地
热人	$lua\textipa{P}^{24}$ $laŋ^0$	夏天
辛苦	$siŋ^{33}$ $khɔ^{55}$	辛苦
本事	pun^{55} $sɯ^{41}$	本事
食苦	$tsia\textipa{P}^{24}$ $khɔ^{55}$	吃苦

2．语法点：闽南语中的"会"与"艙"

闽南语的"会"相当于普通话的"能"、"会"，"艙"相当于普通话的"不能"、"不会"。同时，"会"和"艙"还经常和"晓得"一起使用，相当于普通话的"懂得"、"不懂得"、"认识"、"不认识"等的意义。如以下例句：

阮老母病好咯，会落床咯。（我母亲病好了，能下床了。）

"会"与"𣍐"经常联合使用，可以构成疑问句，如：衫洗会清气𣍐？（衣服洗得干净吗？）

3．语音延伸：轻声（二）

闽南语的轻声除了词语本身的轻声外，以下几种情况也应该轻声：

（1）双音节的趋向补语，如跋落来、落落去。

（2）常用的几个结果补语"死"、"开"、"者"、"倒"等读轻声，如：冻死、裂开、看着、踢倒。

（3）否定词"无"、"未"和助词放在句末，读轻声。如：

汝有来无？

物件收着未？

汝通去咯！

时间到咯，着起来咯。

4．句子练习

（1）册若读好，无惊找无头路。

（书如果读好，就不怕找不到工作。）

是啊，有学问，有本事，卜食苦，则有出头日。

（是啊，有学问，有本事，肯吃苦，才有出头之日。）

（2）我会晓得说普通话，也会晓得说闽南语。（我会说普通话，也会说闽南语。）

安尔野好。（这样很好。）

（3）伊明仔日会来学堂咧。（他明天会来学校。）

我带伊去图书馆看看咧。（我带他去图书馆

看看。）
（4）汝会晓得𣍐？（你懂得吗？）
我会晓得淡薄。（我懂得一点点。）
（5）鱼有新鲜无？（鱼新鲜吗？）
野新鲜。（很新鲜。）

附录一：闽南语声、韵、调系统①

一、声母 14 个

p 边北鞭　　ph 普坡篇　　b(m)文牧棉

t 地童郑　　th 他贪天　　l(n)柳日年

ts 争照箭　　tsh 出春青　　s 时宵生

k 求江更　　kh 气旷坑　　g(ŋ)语月硬　h 喜显砚

Ø 英影院

说明：b、l、g 这三个声母与鼻化韵相拼时，会自然带上鼻音，分别变成 m、n、ŋ。

二、韵母 87 个

a 阿　　ɔ 乌　　o 澳　　ə 祸　　e 裔　　ɯ 余　　i 伊　　u 宇

ai 哀　au 瓯　ia 爷　　io 腰　iu 优　ua 娃　ue 鞋　ue 威

iau 妖 uai 歪　m 梅　am 庵　m̩ 森　im 音 iam 盐 an 安

in 因　un 恩　ian 沿　uan 冤　ŋ 秧　aŋ 红　ŋ̍ 汪　iŋ 英

iaŋ 凉 iŋ 容 uaŋ 风　ã 馅　ɔ̃ 捂　ẽ 妹　ĩ 圆 ãi 乃

iã 营　uã 鞍　iũ 羊　uĩ 闲 iãu 猫 uãi 弯 ap 压　ip 揖

iap 叶 at 遏　it 乙　ut 熨　iat 悦 uat 越 ak 沃　ɔk 屋

iak 亿 iɔk 欲　aʔ 押　ɔʔ 呕　oʔ 学　əʔ 呃　eʔ 册　ɯʔ 踢

iʔ 滴　uʔ 托　auʔ 拗 iaʔ 页 ioʔ 药 iuʔ 啾 uaʔ 活 ueʔ 狭

---

① 附录一引自《泉州方言与文化》，王建设、张甘荔著，鹭江出版社，1994年版。

iaʔ挖　iauʔ嚼　mʔ默　ŋʔ物　ãʔ凹　ɔ̃ʔ膜　ẽʔ咩　ĩʔ镊
ãiʔ嗜　iãʔ赢　iuʔ㑮　ãuʔ嗷　uĩʔ蜢　iãuʔ蟯　uãiʔ挷

三、声调 7 个

调类	阴平	阳平	阴上	阳上	去声		阴入		阳入
调值	33	24	55	22	41		5		24
例字	中	前	走	后	过	电	出	拍	日
连读变调	——	22	24	——	声母为古清音55	声母为古浊音22	收p、t、k尾24	收ʔ尾——	22
例词	中间	前面	走廊	后面	过关	电灯	出发	拍板	日光

说明：闽南语两字连读时的变调，通常是前字变调，后字不变调，后字若读轻声，前字则不变调。

附录二：常用生活用语

（左边是闽南语的说法，右边是对应的普通话的说法。）

1. 汝好！（你好！）
2. 逐个好！（大家好！）
3. 再见！（再见！）
4. 歹势！（不好意思！）
5. 请坐！（请坐！）
6. 请啉茶！（请喝茶！）
7. 我是小陈。（我是小陈。）
8. 我先行咯。（我先走了。）
9. 有闲来啉茶。（有空来喝茶。）
10. 有闲则各联系。（有空再联系。）
11. 汝有无？（你有吗？）
12. 我无。（我没有。）
13. 汝食未？（你吃了吗？）
14. 汝卜去哪落？（你要去哪里？）
15. 即个物件卜藏著哪落？（这个东西要放在哪里？）
16. 共老阿伯问好！（向老伯问声好！）
17. 时间到咯。（时间到了。）
18. 放学咯。（放学了。）

19. 落班咯。（下班了。）

20. 汝伫哪落上班？（你在哪里上班？）

21. 我伫医院做护士。（我在医院做护士。）

22. 有问题无？（有问题吗？）

23. 我卜去学堂咧。（我要去学校。）

24. 汝会做得各说一遍袂？（你可以再说一遍吗？）

25. 劳汝一下。（麻烦您一下。）

26. 今仔日日头野炎。（今天太阳很大。）

27. 伊听会晓得袂？（他听懂了吗？）

28. 即是啥人的册？（这是谁的书？）

29. 即本册是我的。（这本书是我的。）

30. 汝会做得坐21路车。（你可以乘坐21路车。）

31. 去第一医院障仔行？（去第一医院怎么走？）

32. 汝爱甚乇色的？（你喜欢什么颜色的？）

33. 我爱红色。（我喜欢红色。）

34. 即是甚乇？（这是什么？）

35. 我会做得坐的士。（我可以坐出租车。）

36. 汝踮伫几楼？（你住在几楼？）

37. 我踮伫16楼。（我住在16楼。）

38. 汝的厝有偌大？（你的房子有多大？）

39. 我的厝有百二平方。（我的房子有120平方米。）

40. 即是汝的唔？（这是你的吗？）

41. 是，即是我的。（是的，这是我的。）

42. 唔是，唔是我的，我的伫桌顶。
（不是，不是我的，我的在桌上。）

43. 请问汝叫甚乜名？（请问你叫什么名字？）

44. 我叫晓芳。（我叫晓芳。）

45. 汝姓甚乜？（你姓什么？）

46. 我姓陈。（我姓陈。）

47. 伊是我的阿姊。（她是我姐姐。）

48. 汝是食甚乜头路的？（你是做什么工作的？）

49. 我佮伊讲好势咯。（我跟他讲好了。）

50. 王先今仔日暗幂会来未？（王老师今晚会来吗？）

51. 我唔知影。（我不清楚。）

52. 我真的唔知影。（我真的不知道。）

53. 即卜障仔说？（这要怎么说？）

54. 我来介绍一下。（我来介绍一下。）

55. 即个是阮老母。（这位是我的母亲。）

56. 今仔日拜几？（今天是星期几？）

57. 今仔日拜四。（今天是星期四。）

58. 明仔日几号？（明天是几号？）

59. 明仔日 5 号。（明天 5 号。）

60. 汝是哪一年出世的？（你是哪一年出生的？）

61. 我是 1985 年出世的。（我是 1985 年出生的。）

62. 恁几点落班？（你们几点下班？）

63. 阮上午十二点落班，暗晡五点半。

（我们上午十二点下班，下午五点半。）

64. 汝的生日是甚乜时阵？（你的生日是什么时候？）

65. 旧历三月初三，新历 4 月 20 号。

（农历三月初三，阳历是 4 月 20 号。）

66. 恁一礼拜上几日班？（你们一星期工作几天？）

67. 阮一礼拜上五日班。（我们一周工作五天。）

68. 后日汝拍算做甚乜？（后天你打算做什么？）

69. 后日是拜日，我想去拍球。

（后天是星期日，我想去打球。）

70. 恁厝里有几个人？（你家里有几口人？）

71. 阮厝里有五个人。（我家有五口人。）

72. 我佮阮老爸、老母、引公、引妈做一下踹。

（我和我的爸爸、妈妈、爷爷、奶奶一起住。）

73. 即领衫偌济钱？（这件衣服多少钱？）

74. 即领衫拍五折，150 箍，诚俗。

（这件衣服打五折，150 元人民币，很便宜。）

75. 汝有兄弟姊妹无？（你有兄弟姐妹吗？）

76. 有，我有一个阿兄。（有，我有个哥哥。）

77. 汝厝里诚水！（你家真漂亮！）

78. 恁小弟诚古意。（你弟弟很老实。）

79. 即个所在我以前有来过。（这个地方我以前来过。）

80. 闽南的小食诚好食。（闽南的小吃很好吃。）

81. 飞机晚点咯。（飞机晚点了。）

82. 伫着准时上课。（我们必须准时上课。）

83. 汝卜找啥人？（你要找谁？）

84. 伊无伫咧。（他不在。）

85. 伊出去咯。（他出去了。）

86. 伊去上班咯。（他去上班了。）

87. 乌阴天歹曝衫。（阴天不好晒衣服。）

88. 看着汝诚欢喜！（见到你很高兴！）

89. 即摆互汝诚扎气。（这次让你很支持。）

90. 伊伫著拍电话。（他在打电话。）

91. 伫来去台湾佚佗。（我们去台湾玩吧。）

92. 汝是哪落人？（你是哪里人？）

93. 伊因老母破病咯。（他母亲生病了。）

94. 汝著做甚乜？（你在做什么？）

95. 我伫著煮糜。（我在煮稀饭。）

96. 汝几岁咯？（你几岁了？）

97. 我今年十九岁咯。（我今年十九岁了。）

98. 汝肖甚乜？（你属什么？）

99. 我肖龙。（我属龙。）

100. 汝早起一般几点迫起来？（你早上一般几点起床？）

127

101. 我早起六点半起来。（我早上六点半起床。）

102. 汝暗幂几点睏？（你晚上几点休息？）

103. 我暗幂一般十一点睏。（我晚上一般十一点休息。）

104. 汝甚乜时阵买车咯？（你什么时候买车了？）

105. 闽南人爱啉汤。（闽南人喜欢喝汤。）

106. 伊比我卡高。（他比我高。）

107. 我爱食面干糊。（我喜欢吃面线糊。）

108. 苹果一斤偌济钱？（苹果一斤多少钱？）

109. 苹果一斤十箍银。（苹果一斤十块钱。）

110. 有淡薄贵。（有点贵。）

附录三：闽台谚语[①]

A

1.【阿公做先生，阿妈烂后靪】

a^{33} kɔŋ^{33} tsue^{41} sian^{33} sĩ^{33}, a^{33} bã^{55} luã^{41} au^{22} tĩ^{22}

注解 阿公：爷爷；先生：医生；阿妈：奶奶；后靪：脚后跟。

释义 爷爷当医生，奶奶却烂了脚后跟。意谓有的人虽有本事帮别人，却帮不了自己。

2.【鸭母装金原扁喙】

aʔ^5 bu^{55} tsŋ^{33} kim^{33} guan^{24} pĩ^{55} tshui^{41}

注解 装金：镶金；喙：嘴。

释义 鸭子即使镶上黄金，嘴巴仍然是扁的。喻指丑陋的事物即使再加掩饰，其本质也不会改变。

3.【鸭仔落水身就浮】

aʔ^5 ã^{55} loʔ^{24} tsui^{55} sin^{33} tsiu^{41} phu^{24}

注解 鸭仔：鸭；落：下。

释义 意指人只要在某一种环境中磨炼就自然适应。

4.【爱花连枝惜】

ai^{41} hue^{33} liam(lian)^{24} ki^{33} sioʔ^5

注解 惜：爱惜，疼爱。

[①] 附录三引自《泉州谚语》，王建设、蔡湘江、朱媞媞编著，福建人民出版社，2006年版。

释义 喜欢花朵连树枝一起疼爱。义同"爱屋及乌"。

5.【爱拼则会赢】

ai⁴¹ piã⁴¹ tsiaʔ⁵ e²² iã²⁴

注解 拼：拼搏；即：才。

释义 敢于拼搏才能取得胜利。

6.【爱水无惊流鼻水】

ai⁴¹ sui⁵⁵ bo²⁴ kiã³³ lau²⁴ phi⁴¹ tsui⁵⁵

注解 水：漂亮；无惊：不怕；鼻水：鼻涕。

释义 喜欢漂亮就不怕因少穿衣而着凉。①（女性）一味追求漂亮而不惜付出代价。②比喻为了某种追求而不惜做出牺牲。

7.【饮糜饭菜食得饱，筋参鲍燕就无巧】

am⁵⁵ bə²⁴ pŋ⁴¹ tshai⁴¹ tsiaʔ²⁴ lit⁵ pa⁵⁵, kun³³ sm³³ pau²² ian⁴¹ tsiu²² bo²⁴ kha⁵⁵

注解 饮糜：稀饭；筋参鲍燕：猪筋、海参、鲍鱼、燕窝。

释义 普通饭食吃得饱，东西再好不需要。

8.【暗看西北乌，半暝有风雨】

am⁴¹ khuã⁴¹ sai³³ pak⁵ ɔ³³, puã⁴¹ bĩ²⁴ u²² huaŋ³³ hɔ²²

注解 暗：晚上；乌：黑；半暝：半夜。

释义 傍晚若西北边天空黑压压的，半夜一定有风雨。

9.【翁势某翘头】

aŋ³³ gau²⁴ bɔ⁵⁵ khiau⁴¹ thau²⁴

注解 翁：丈夫；势：有本事，能力强；某：妻；翘头：趾高气扬。

释义 丈夫有本事，妻子便神气。

10.【红霞乌肚，随随落雨】

aŋ²⁴ he²⁴ ɔ³³ tɔ⁵⁵, sui²⁴ sui²⁴ lo²⁴ hɔ²²

注解 随随：马上。

释义 红霞黑肚皮，马上会下雨。

B

11.【目睭无金，脚手无勤，做鬼仔也讨无金银】

bak²⁴ tsiu³³ bo²⁴ kim³³, kha³³ tshiu⁵⁵ bo²⁴ khun²⁴, tsue⁴¹ kui⁵⁵ ã⁵⁵ a²² tho⁵⁵ bo²⁴ kim³³ gun²⁴

注解 目睭：眼睛；金：亮，眼力好；脚手：手脚；鬼仔：小鬼；讨无：讨不到；金银：冥钱，纸钱。

释义 眼睛不亮，手脚不勤，就算是做鬼也讨不到纸钱。比喻人若不机灵，不勤奋，到哪也得不到发展。

12.【万金家贿食会尽，百般手艺食赡了】

ban⁴¹ kim³³ ke³³ hə⁵⁵ tsiaʔ²⁴ e²² tsin²², paʔ⁵ puã³³ tshiu⁵⁵ ge⁴¹ tsiaʔ²⁴ bue²² liau⁵⁵

注解 家贿：家财；尽：完；了：完。

释义 家财再多，也有吃完的时候；一技在手，不用为生活发愁。

13.【未娶某呣通笑人某走，未生囝呣通笑人囝吼】

bə⁴¹ tshua⁴¹ bɔ⁵⁵ m⁴¹ thaŋ³³ tshio⁴¹ laŋ⁰ bɔ⁵⁵ tsau⁵⁵, bə⁴¹ sĩ³³ kã⁵⁵ m⁴¹ thaŋ³³ tshio⁴¹ laŋ⁰ kã⁵⁵ hau⁵⁵

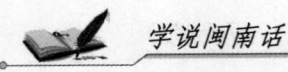

注解 某：妻；呣通：不可，不要；走：此处指离异；囝：儿子；吼：哭。

释义 未娶媳妇，不要取笑别人老婆离异；没生孩子，不要取笑别人孩子哭泣。喻指没有亲身经历，不要妄加评论。

14.【未食五月节粽，破裘呣甘放】

bə⁴¹ tsiaʔ²⁴ gɔ²² gəʔ²⁴ tsueʔ⁵ tsaŋ⁴¹, phua⁴¹ hiu²⁴ m⁴¹ kam³³ paŋ⁴¹

注解 五月节：端午节；粽：粽子；裘：棉衣；呣甘：不愿意，舍不得。

释义 端午节未到（天气乍暖还寒），冬衣别换掉。

15.【未讨新妇澜乃流，讨了新妇目屎流】

bə⁴¹ tho⁵⁵ sin³³ pu²² luã³³ lã⁵⁵ lau²⁴, tho⁵⁵ liau⁵⁵ sin³³ pu²² bak²⁴ sai⁵⁵ lau²⁴

注解 新妇：儿媳妇；澜：口水；乃：边；目屎：眼泪。

释义 没讨儿媳望眼欲穿，讨了儿媳泪眼汪汪。意指儿子未娶老婆，母亲心急如焚；儿子讨了媳妇，婆婆委屈难言。

16.【卜教囝学泅，呣教囝扒树】

bəʔ⁵ ka⁴¹ kã⁵⁵ ɔʔ²⁴ siu²⁴, m⁴¹ ka⁴¹ kã⁵⁵ peʔ⁵ tshiu⁴¹

注解 卜：要；囝：儿子；呣：不；扒：爬。

释义 可以教儿子学游泳，不能教儿子学爬树。意谓教给孩子技能要充分考虑其实用性。

17.【卜种花分人插，唔栽刺戳人脚】

bəʔ⁵ tsiŋ⁴¹ hue³³ pun³³ laŋ⁰ tshaʔ⁵, m⁴¹ tsai³³ tshi⁴¹ tshak²⁴ laŋ⁰ kha³³

注解 卜：要；唔：不。

释义 宁肯育花朵让人俏，也不种荆棘扎人脚。意谓帮人之心不可无，害人之心不可有。

18.【米酒少少斟，胜过食人参】

bi⁵⁵ tsiu⁵⁵ tsio⁵⁵ tsio⁵⁵ tsim³³, siŋ⁴¹ kə⁴¹ tsiaʔ²⁴ lin²⁴ səm³³

注解 少少斟：适量的喝一点；食：吃。

释义 米酒适量地喝一点，对身体很有好处，胜过吃人参。

19.【无佮人捧碗拌箸，就唔知人家庭代】

bo²⁴ kap⁵ laŋ²⁴ phaŋ²⁴ uã⁵⁵ kaʔ²⁴ tɯ⁴¹, tsiu⁴¹ m⁴¹ tsai³³ laŋ²⁴ ke³³ tiŋ²⁴ tai⁴¹

注解 佮：同，与；捧碗拌箸：指生活在一起；唔：不；代：事情。

释义 不在一起生活，就不了解他人家中事。

20.【无良心话唔通说，无良心钱唔通趁】

bo²⁴ lioŋ²⁴ sim³³ ue⁴¹ m⁴¹ thaŋ³³ səʔ⁵, bo²⁴ lioŋ²⁴ sim³³ tsi²⁴ m⁴¹ thaŋ³³ than⁴¹

注解 唔通：不可以；趁：赚。

释义 没良心的话不能说，没良心的钱不能赚。指说话、挣钱都得凭良心。

21.【无某真艰苦，衫破家己补】

bo²⁴ bɔ⁵⁵ tsin³³ kan³³ khɔ⁵⁵, sã³³ phua⁴¹ kai²² ki⁴¹ pɔ⁵⁵

注解　某：老婆；艰苦：痛苦；家己：自己。

释义　没有老婆可真苦，衣服破了自己补。

22.【无勇尻川嘪敢食泻药】

bo²⁴ iɔŋ⁵⁵ kha³³ tshŋ³³ m⁴¹ ka⁵⁵ tsiaʔ²⁴ siaʔ⁴¹ ioʔ²⁴

注解　勇：坚固，健康；尻川：屁股；嘪通：不要。

释义　不具备一定条件，不敢贸然行动。参见【无响牙尻川，嘪通食泻药】。

23.【无知识，金包草；有知识，草包金】

bo²⁴ ti⁴¹ siak⁵, kim³³ pau³³ tshau⁵⁵; u²² ti⁴¹ siak⁵, tshau⁵⁵ pau³³ kim³³

释义　没有知识，外表再装饰，草包还是草包；有了知识，外表再普通，金子仍是金子。

24.【芒种过，制茶无好货】

bɔŋ²⁴ tsiŋ⁵⁵ kə⁴¹, tse⁴¹ te²⁴ bo²⁴ ho⁵⁵ hə⁴¹

释义　芒种过后，也就过了制茶的好时节了，再做出的茶质量不可能好。

25.【芒种雨，火烧道】

bɔŋ²⁴ tsiŋ⁵⁵ hɔ²², hə⁵⁵ sio³³ tɔ²²

注解　火烧道：指天气非常炎热。

释义　芒种日如果下雨，接下去的天气将非常炎热。

26.【母舅做大位】

bu⁵⁵ ku²² tsə²² tua⁴¹ ui⁴¹

注解　母舅：舅舅；大位：上座。

释义 泉州婚俗，舅舅的地位很高，婚宴上得坐上座。

27.【买篮看篮耳，买针看针鼻】

bue^{55} lã^{24} khuã^{41} lã^{24} hi^{22}, bue^{55} tsam^{33} khuã^{41} tsam^{33} phi^{41}

注解 篮耳：提梁；针鼻：针眼。

释义 买篮得看提梁牢不牢，买针得看针眼好不好。①比喻观察事物好坏得看关键部位。②比喻挑选不同的事物得有不同的标准。

28.【买荔枝爱蛀子，买龙眼爱薄壳】

bue^{55} lian^{41} tsi^{33} ai^{41} tsiu^{41} tsi^{55}, bue^{55} guĩ^{24} guĩ^{55} ai^{41} poʔ^{24} khak^5

注解 蛀子：核很小，称蛀子。

释义 买荔枝得买核小的，买龙眼得买壳薄的。比喻衡量不同的事物有不同的标准。

29.【买卖算分，相请无论】

bue^{55} bue^{41} sŋ^{41} hun^{33}, sã^{33} tshiã^{55} bo^{24} lun^{41}

注解 算分：计算到几分钱；相请：相互间请客；无论:不计较。

释义 做买卖时锱铢必较，相互请客则不计较。意谓做生意时可斤斤计较，但对待朋友就得大方些。

30.【卖茶讲茶芳，卖花讲花红】

bue^{41} te^{24} kaŋ^{55} te^{24} phaŋ^{33}, bue^{41} hue^{33} kaŋ^{55} hue^{33} aŋ^{24}

注解 芳：香。

释义 卖茶的人说自己的茶香，卖花的人说自己的花红。比喻人们总是从自己的立场出发说对自己有利的话。

31.【卖囝唔叫囝名，卖田唔著田头行】

bue⁴¹ kã⁵⁵ m⁴¹ kio⁴¹ kã⁵⁵ biã²⁴, bue⁴¹ tshan²⁴ m⁴¹ tɯ²² tshan²⁴ thau²⁴ kiã²⁴

注解 囝：儿；唔：不；著：在；行：走。

释义 卖了孩子后就不敢再叫孩子的名字，卖了田地后就不敢再从那走过。比喻伤心之事不愿再触及。

E

32.【会吠的狗赡咬人】

e²² pui⁴¹ e⁰ kau⁵⁵ bue²² ka²² laŋ²⁴

注解 赡：不会

释义 善叫之狗不咬人。意谓表面气势汹汹，实际并不可怕。

33.【会挺动就免惊米缸空】

e²² tin⁵⁵ taŋ²² tsiu⁴¹ bian⁵⁵ kiã³³ bi⁵⁵ kŋ³³ khaŋ³³

注解 挺动：动，此处指身体健康，能劳动；免惊：不用怕。

释义 手脚能活动，不怕米缸空。意谓只要身体健康，就不必为吃穿发愁。

G

34.【月娘生毛，大水满园】

gəʔ²⁴ liũ²⁴ sĩ³³ bŋ²⁴, tua⁴¹ tsui⁵⁵ buã⁵⁵ hŋ²⁴

注解 月娘：月亮；生毛：指月晕。

释义 月围晕，主下雨。

35.【五月南风大水头，六月南风断水流】

gɔ²² gəʔ²⁴ lam²⁴ huaŋ³³ tua⁴¹ tsui⁵⁵ thau²⁴, lak²⁴ gəʔ²⁴ lam²⁴ huaŋ³³ tŋ²² tsui⁵⁵ lau²⁴

注解 大水头：发大水；断水流：不下雨。

释义 五月刮南风常发大水，六月刮南风则干旱无雨。

36.【牛唔知角弯，马唔知面长】

gu²⁴ m⁴¹ tsai³³ kak⁵ uan³³, be⁵⁵ m⁴¹ tsai³³ bin⁴¹ tŋ²⁴

注解 唔知：不知道。

释义 牛不知道自己的角弯，马不知道自己的脸长。比喻人们通常看不到自己的缺点。

H

37.【后生唔讨趁，到老即怨叹】

hau²² sĩ³³ m⁴¹ tho⁵⁵ than⁴¹, kau⁴¹ lau²² tsiaʔ⁵ uan⁴¹ than⁴¹

注解 后生：年轻；唔：不；讨趁：挣钱；即：才；怨叹：埋怨，叹息。

释义 年轻不挣钱，老来空悲叹。

38.【夏至无过赡热，冬节无过赡寒】

he⁴¹ tsi⁴¹ bo²⁴ kə⁴¹ bue²² luaʔ²⁴, taŋ³³ tsueʔ⁵ bo²⁴ kə⁴¹ bue²² kuã²⁴

注解 赡：不。

释义 夏至未过一般不会太热，冬至未过一般不会太冷。

39.【兄弟同心金不换，同姒齐心家不败】

hiã³³ ti²² taŋ²⁴ sim³³ kim³³ put⁵ huan⁴¹, taŋ²⁴ sai⁴¹

tsue²⁴ sim³³ ke³³ put⁵ pai⁴¹

注解 同姒：妯娌。

释义 兄弟团结金不换，妯娌同心家业兴。

40.【好差好请，觞辛苦病疼】

ho⁵⁵ tshe³³ ho⁵⁵ tshia⁵⁵, bue²² sin³³ khɔ⁵⁵ pĩ⁴¹ thiã⁴¹

注解 差：差遣；觞：不会；病疼：生病。

释义 意谓性格随和乐于配合，有益于身体健康。

41.【好酒沉瓮底，好陷包腹里】

ho⁵⁵ tsiu⁵⁵ tim²⁴ aŋ⁴¹ tue⁵⁵, ho⁵⁵ ã⁴¹ pau³³ pak⁵ lai²²

注解 腹里：里面。

释义 喻指好事物往往最后才出现。

42.【好某聚会着，卡好食补药】

ho⁵⁵ bɔ⁵⁵ tshuaʔ⁴¹ e²² tioʔ²⁴, khaʔ⁴¹ ho⁵⁵ tsiaʔ²⁴ pɔ⁵⁵ ioʔ²⁴

注解 某：妻；着：到了；卡好：比……好。

释义 贤妻能娶到，胜过吃补药。意谓娶到好妻子有益于身体健康。

43.【好言好语相款待，啉汤啉水也意爱】

ho⁵⁵ gian²⁴ ho⁵⁵ gɯ⁵⁵ sa³³ khuan⁵⁵ tai²², lim³³ thŋ³³ lim³³ tsui⁵⁵ a²² i⁴¹ ai⁴¹

注解 啉：喝；汤：菜汤；意爱：喜欢。

释义 好言好语相叫唤，三餐喝水也喜欢。意谓关系融洽，生活再苦也心甘。

44.【虎卜食肉也着开喙】

hɔ⁵⁵ bəʔ⁵ tsiaʔ²⁴ hiak²⁴ a²² tioʔ²⁴ khui³³ tshui⁴¹

注解 卜：想要；着：要；喙：嘴巴。

释义 老虎想吃肉，也得张开口。喻指再有权势，也不可能不劳而食。

45.【皇帝爸唔值乞食母】

hɔŋ²⁴ te⁴¹ pe²² m⁴¹ tat²⁴ khit⁵ tsiaʔ²⁴ bu⁵⁵

注解 唔值：不如；乞食：乞丐。

释义 当皇帝的父亲不如当乞丐的母亲。意谓抚养子女母亲往往更尽职，哪怕再贫贱。

46.【富贵不离祖，贫穷不离某】

hu⁴¹ kui⁴¹ put⁵ li²⁴ tsɔ⁵⁵, pin²⁴ kiŋ²⁴ put⁵ li²⁴ bɔ⁵⁵

注解 某：妻。

释义 富贵不忘祖辈恩情，贫穷不忘患难夫妻。

47.【花水靠颜色，人水靠品德】

hue³³ sui⁵⁵ khɔ⁴¹ gan²⁴ siak⁵, laŋ²⁴ sui⁵⁵ khɔ⁴¹ phin⁵⁵ tiak⁵

注解 水：漂亮。

释义 花儿漂亮靠颜色，人儿漂亮靠品德。意谓内在美才是真正的美。

48.【圆人会扁，扁人会圆】

ĩ²⁴ laŋ²⁴ e²² pĩ⁵⁵, pĩ⁵⁵ laŋ²⁴ e²² ĩ²⁴

注解 圆人：指权贵或富人；扁人：落魄者或穷人。

释义 意指人不可能常有好运，也不会老遭厄运。义略同"风水轮流转"。

49.【阴阴琛琛，咬人三寸深】

im³³ im³³ thim³³ thim³³, ka²² laŋ²⁴ sã³³ tshun⁴¹ tshim³³

注解 阴琛：阴沉，阴险。

释义 不吠的狗会咬人。喻指阴险之人害人最可怕。

50.【忧济伤神，气大伤身】

iu³³ tsue⁴¹ siɔŋ³³ sin²⁴, khi⁴¹ tua⁴¹ siɔŋ³³ sin³³

注解 忧：忧伤；济：多。

释义 忧愁生气，伤害身体。

K

51.【家和万事成，家不和通世穷】

ka³³ hɔ²⁴ ban⁴¹ sɯ⁴¹ siŋ²⁴, ka³³ put⁵ hɔ²⁴ thɔŋ³³ se⁴¹ kiŋ²⁴

释义 家庭和睦，万事成功；家庭不和，永远贫穷。意谓家庭和睦可以带来幸福。"通世"亦作"规世"。

52.【囝好唔值新妇好】

kã⁵⁵ ho⁵⁵ m⁴¹ tat²⁴ sin³³ pu²² ho⁵⁵

注解 囝：儿子；唔值：不如；新妇：儿媳妇。

释义 儿子再好不如儿媳好。意谓媳妇对家庭的和睦至关重要。

53.【甘愿做菜姑，也唔愿嫁臭肉乾埔】

kam³³ guan⁴¹ tsue⁴¹ tshai⁴¹ kɔ³³, a²² m⁴¹ guan⁴¹ ke⁴¹ tshau⁴¹ hiak²⁴ ta³³ pɔ³³

注解 菜姑：尼姑；唔愿：不愿；臭肉：懒惰；乾埔：男子，男人。

释义 情愿当尼姑，也不愿嫁给懒惰丈夫。意谓懒惰丈夫靠不住。

54.【简仔爱有伴，老人惊孤单】

kan^{55} ã^{55} ai^{41} u^{22} phuã^{22}, lau^{22} laŋ^{24} kiã^{33} kɔ^{55} tuã^{33}

注解 简仔：小孩子；惊：怕。

释义 孩子喜欢有同伴，老人格外怕孤单。意谓孩子与老人都害怕孤单。

55.【猴蚓一畚箕，呣值龙一尾】

kau^{22} un^{55} tsit^{24} pun^{41} ki^{33} m^{41} tat^{5} liŋ^{24} tsit^{24} bə^{55}

注解 猴蚓：蚯蚓；畚箕：簸箕；呣值：比不上；尾：条。

释义 蚯蚓一簸箕比不上一条龙。喻指一大堆无用之人比不上一个有用之才。

56.【嫁度升米捧，呣通嫁乞出外人】

ke^{41} thɔ^{41} tsin^{33} bi^{55} phaŋ^{55}, m^{41} thaŋ^{33} ke^{41} khit^{5} tshut^{5} gua^{41} laŋ^{24}

注解 度：给；升米捧：粮食不富余，做饭只能一升米一升米往外端，此处实指量入为出；呣通：不可；乞：给；出外人：漂泊异国他乡的谋生之人。

释义 宁肯嫁给度日郎，也不嫁给出外人。意谓旧时漂洋过海的男子往往一去多年不归，留守家中的妻子度日如年，苦不堪言。

57.【嫁着臭头翁，有肉又有葱；嫁着跛缴翁，规厝里空空】

ke^{41} tioʔ^{24} tshau^{41} thau^{24} aŋ^{33}, u^{22} hiak^{24} iu^{41} u^{22} tshaŋ^{33}; ke^{41} tioʔ^{24} puaʔ^{24}

kiau⁵⁵ aŋ³³, kui³³ tshu⁴¹ lai²² khaŋ³³ khaŋ³³

注解 着：到，给；臭头：癞痢头；翁：丈夫；跋缴：赌博；规厝：整个家。

释义 嫁给丑男人，三餐不用愁；嫁给赌博汉，家产空荡荡。

58.【隔顿饭通食，过头话唔通说】

keʔ⁵ tŋ⁴¹ pŋ⁴¹ thaŋ³³ tsiaʔ²⁴, kə⁴¹ thau²⁴ ue⁴¹ m⁴¹ thaŋ³³ səʔ⁵

注解 通：可以；唔通：不可以。

释义 隔顿的饭可以吃，过头的话不能说。意谓过头的话祸害无穷。

59.【经布着好布边，做鞋着好后靪】

kĩ³³ pɔ⁴¹ tioʔ²⁴ ho⁵⁵ pɔ⁴¹ pĩ³³, tsue⁴¹ ue²⁴ tioʔ²⁴ ho⁵⁵ au²² tĩ³³

注解 经布：织布；着：要；后靪：鞋跟。

释义 织布的关键是织好布边，做鞋的关键是做好鞋跟。比喻做事情得把握关键，把最重要的部分做好。

60.【惊汝好喙，无惊汝英威】

kiã³³ lɯ⁵⁵ ho⁵⁵ tshui⁴¹, bo²⁴ kiã³³ lɯ⁵⁵ iŋ³³ ui³³

注解 惊：怕；汝：你；好喙：嘴甜（甜言蜜语）；英威：耀武扬威。

释义 只怕你好言好语相求，不怕你耀武扬威相逼。意即吃软不吃硬，或劝人凡事善中求，不要恶中取。

61.【激水无流崩田岸】

kiak⁵ tsui⁵⁵ bo²⁴ lau²⁴ paŋ³³ tshan²⁴ huã⁴¹

释义 水急流不出，田埂保不住。①意谓急流储多必决口。②喻指凡事不能一味围追堵截，要因势利导，注意疏通。

62.【严官府出厚贼】

giam^{24} kuã^{33} hu^{55} tshut^5 kau^{22} tshat^{24}

注解 厚：多。

释义 官府严厉，盗贼更多。喻指管理或管教过严，可能适得其反。

63.【紧行无好步。慢行好步数】

kin^{55} kiã^{24} bo^{24} ho^{55} pɔ^{41}, ban^{41} kiã^{24} ho^{55} pɔ^{41} sɔ^{41}

注解 紧：快；行：走；步数：着数。

释义 下棋太快下不出什么好着数，慢慢下才能有好着数。比喻做事要深思熟虑，不要操之过急。

64.【高山出好茶，大海出龙虾】

kɔ^{33} suã^{33} tshut^5 ho^{55} te^{24}, tua^{41} hai^{55} tshut^{24} liŋ^{24} he^{24}

释义 意谓优良的环境可以孕育出优良的产物。

65.【公妈疼大孙，爸母疼细囝】

kɔŋ^{33} bã^{55} thiã^{41} tua^{41} sun^{33}, pe^{22} bu^{55} thiã^{41} sue^{41} kã^{55}

注解 公妈：爷爷奶奶；细囝：小儿子。

释义 爷爷奶奶最疼大孙子，爸爸妈妈最疼小儿子。

66.【拣啊拣，拣着一牙卖龙眼】

kuĩ^{55} a^{55} kuĩ^{55}, kuĩ^{55} tioʔ^{24} tsit^{24} ge^{24} bue^{41} guĩ^{24} guĩ^{55}

注解 着：到；牙：个。

释义：拣了又挑，挑了又拣，最终拣个卖龙眼。讽人挑肥又拣瘦，最后没有好结果。

67.【斤鸡两鳖，食仔勇叱叱】

kun^{33} kue^{33} liũ^{55} piʔ^5, tsiaʔ^{24} ã^{55} iɔŋ^{55} tshiʔ^5 tshiʔ^5

注解 仔：得；勇叱叱：非常健康。

释义 意谓一斤多的鸡、几两重的鳖，肉嫩味美，营养丰富。亦常简缩为"斤鸡两鳖"。

68.【近水知鱼性，靠山捌鸟音】

kun^{22} tsui^{55} tsai^{33} hɯ^{24} siŋ^{41}, khɔ^{41} suã^{33} pat^5 tsiau^{55} im^{33}

注解 捌：懂得，知道。

释义 生活在溪水边自然会了解鱼类的习性，在山林里生活也就能识别鸟类的声音。比喻实践出真知。

Kh

69.【乞食过溪行李济】

khit^5 tsiaʔ^{24} kə^{41} khue^{33} hiŋ^{24} li^{55} tsue^{41}

注解 乞食：乞丐；济：多。

释义 乞丐过溪行李多。比喻平时看起来没什么东西，一旦整理起来，零碎的杂物却一大堆。

70.【劝翁劝囝是贤妻，搬翁唆囝真路渣】

khŋ^{41} aŋ^{33} khŋ^{41} kã^{55} si^{22} hian^{24} tshe^{33}, puan^{33} aŋ^{33} so^{22} kã^{55} tsin^{33} lɔ^{41} tse^{33}

注解 翁：丈夫；囝：儿子；搬：搬弄是非；唆：教唆；路渣：糟糕。

释义 能规劝丈夫规劝儿子的是贤妻，如果女人在丈夫面前搬弄是非又爱教唆儿子，肯定糟糕。谓贤妻良母应该劝丈夫儿子少惹是生非，反之则非常糟糕。

附录三：闽台谚语

71.【孔子公唔敢收隔暝帖】

khɔŋ⁵⁵ tsɯ⁵⁵ kɔŋ³³ m⁴¹ kã⁵⁵ siu³³ keʔ⁵ bĩ²⁴ thiap⁵

注解 孔子公：孔子；唔敢：不敢；隔暝：隔夜。

释义 连孔夫子这样的先哲也不敢收受别人请他明天做某事的帖子。比喻再精明的人也不能随意给人承诺。亦作"孔子公唔敢收人隔暝帖"。

72.【看人食澜流，食别人汗流，腾人食目屎流】

khuã⁴¹ laŋ⁰ tsiaʔ²⁴ luã²² lau²⁴, tsiaʔ²⁴ pat²⁴ laŋ²⁴ kuã⁴¹ lau²⁴, tŋ²⁴ laŋ⁰ tsiaʔ²⁴ bak²⁴ sai⁵⁵ lau²⁴

注解 食：吃；澜流：流口水；汗流：流汗；腾：让，给；目屎：眼泪。

释义：看别人吃东西时馋得流口水，吃别人的东西时拼命吃吃得满头大汗，请人吃东西时则因心疼而流泪。讽人贪吃贪婪又小气。

L

73.【六月立秋紧溜溜，七月立秋秋后油】

lak²⁴ gəʔ²⁴ lip²⁴ tshiu³³ kin⁵⁵ liu³³ liu³³, tshit⁵ gəʔ²⁴ lip²⁴ tshiu³³ tshiu³³ au²² iu²⁴

注解 紧溜溜：速度快或时间过得很快；油：热得冒油。

释义 农历六月立秋，夏季过得很快，气候凉爽；七月立秋，则气候炎热，热得人冒油。

74.【六月天，七月火，八月石头会煎粿】

lak²⁴ gəʔ²⁴ thĩ³³, tshit⁵ gəʔ²⁴ hə⁵⁵, pueʔ⁵ gəʔ²⁴ tsioʔ²⁴

thau²⁴ e²² tsian³³ kə⁵⁵

注解 火：天气炎热，如同烈火；粿：一种米制食品。

释义 农历六、七月的天气非常炎热，八月的石头甚至被晒得能煎饼。亦作"六月天，七月火，八月石头盘会爁粿"（爁：烙）。

75.【南洋钱，唐山福】

lam²⁴ iũ²⁴ tsĩ²⁴, tŋ²⁴ suã³³ hɔk⁵

注解 南洋：旧指东南亚一带；唐山：旧指中国，这里指老家。

释义 旧时闽南人到南洋谋生，赚了钱就寄回家，家人的生活会比较宽裕。

76.【人脚、狗鼻、和尚头】

laŋ²⁴ kha³³、kau⁵⁵ phi⁴¹、hə²⁴ siũ⁴¹ thau²⁴

释义 人的脚、狗鼻子、和尚的脑袋：这三个地方都最怕冷，是薄弱部位，应该特别注意保护。

77.【理无说赡清，人无学赡灵】

li⁵⁵ bo²⁴ sə↑⁵ bue²² tshiŋ³³, laŋ²⁴ bo²⁴ o↑²⁴ bue²² liŋ²⁴

注解 无：没，不；赡：不会；清：清楚；灵：伶俐，聪明。

释义 道理不说不清楚，做人不学就糊涂。意谓道理服人靠阐述，人要聪明靠学习。

78.【人情亲像锯，汝唔来我唔去】

lin²⁴ tsiŋ²⁴ tshin³³ tshiũ²² kɯ⁴¹, lɯ⁵⁵ m⁴¹ lai²⁴ gua⁵⁵ m⁴¹ khɯ⁴¹

注解 亲像：好像；汝：你；唔：不。

释义 人情交往像拉锯，必须有来有往。比喻礼尚往来。亦作"人情亲像锯，有来即有去"。

79.【日时走趴趴，暗暝点灯膋】

lit^{24} si^0 tsau^{55} pha^{33} pha^{33}, am^{41} bi^0 tiam^{55} tiŋ^{33} la^{22}

注解 日时：白天；走趴趴：东奔西跑，这里指闲逛；暗暝：晚上；灯膋：灯火。

释义 白天四处闲逛，浪费时间，晚上只好熬夜加班。形容该工作的时候不好好工作，等到该休息时才临时搞突击。

80.【雷拍秋，面忧忧】

lui^{24} phaʔ^{5} tshiu^{33}, bin^{41} iu^{33} iu^{33}

注解 拍：打；秋：立秋；面忧忧：愁眉苦脸。

释义 立秋打雷，大雨将下个不停，人们将为作物无收成而愁眉苦脸。

M

81.【媒人包入房，无包汝一世人】

m^{24} laŋ^{24} pau^{33} lip^{24} paŋ^{24}, bo^{24} pau^{33} lɯ^{55} tsit^{24} si^{41} laŋ^{24}

注解 入房：娶进门；汝：你；一世人：一辈子。

释义 做媒人只负责把媳妇送进门，管不了你一辈子的事。

82.【呣惊少年苦，只惊老来穷】

m^{41} kiã^{33} siau^{41} lian^{24} khɔ^{55}, tsi^{55} kiã^{33} lau^{22} lai^{24} kiŋ^{24}

注解 呣惊：不怕。

释义 不怕少年吃苦，只怕老来受穷。

O

83.【学好三年，学歹三日】

oʔ²⁴ ho⁵⁵ sã³³ lĩ²⁴, oʔ²⁴ phai⁵⁵ sã³³ lit²⁴

注解 歹：坏。

释义 人学好要三年，学坏只要三天。

P

84.【爸老团幼，疼仔鼻根虬】

pe²² lau²² kã⁵⁵ iu⁴¹, thiã⁴¹ ã⁵⁵ phi⁴¹ kun³³ khiu²⁴

注解 团：儿子；仔：结构助词，得；虬：紧缩。

释义 年老才得子，爱子特深切。

85.【爸母疼团长流水，团疼爸母树尾摇风】

pe²² bu⁵⁵ thiã⁴¹ kã⁵⁵ tiɔŋ²⁴ liu²⁴ sui⁵⁵, kã⁵⁵ thiã⁴¹ pe²² bu⁵⁵ tshiu⁴¹ bə⁵⁵ io²⁴ huaŋ³³

注解 团：儿女。

释义 父母爱儿女如流水不断，儿女疼惜父母如树梢的风时有时无。

86.【保平安卡好趁大钱】

pɔ⁵⁵ piŋ²⁴ an³³ kha⁴¹ ho⁵⁵ than⁴¹ tua⁴¹ tsĩ²⁴

注解 卡好：比……好；趁：赚。

释义 保平安胜过赚大钱。

87.【八百买乡里，千银买厝边】

pueʔ⁵ paʔ⁵ bue⁵⁵ hiũ³³ li⁵⁵, tsui³³ gun²⁴ bue⁵⁵ tshu⁴¹ pĩ³³

注解 乡里：乡村；银：即"大银"，银币；厝边：邻居。

释义 寻找个居住地只要花八百元，寻找个好邻居却要花一千元。①意谓好邻居不易得。②意谓好邻居特别重要。亦作"千银买厝，万银买厝边"。

88.【八月开始到年兜，起厝师傅穑路厚】

pueʔ⁵ gəʔ²⁴ khai³³ si⁵⁵ kau⁴¹ li²⁴ tau³³, khi⁵⁵ tshu⁴¹ sai³³ hu²² sit⁵ lɔ⁴¹ kau²²

注解 年兜：除夕；厝：房子；穑路：活儿；厚：多。

释义 农历八月起闽南一带少雨，正是盖房子的好季节，泥水匠往往忙得不可开交。

Ph

89.【歹囝也着惜，孝男无带借】

phai⁵⁵ kã⁵⁵ a²² tioʔ²⁴ sioʔ⁵, hau⁴¹ lam²⁴ bo²⁴ tə⁴¹ tsioʔ⁵

注解 歹：坏；囝：儿子；着：要；孝男：孝子；带：处，地方。

释义 孽子也得爱，孝子无处贷。劝人善待孽子，血缘关系毕竟隔不断。

S

90.【三日风，三日霜，三日炎日公】

sã³³ lit²⁴ hɔŋ³³, sã³³ lit²⁴ sɔŋ³³, sã³³ lit²⁴ iam⁴¹ lit²⁴ kɔŋ³³

注解 炎日公：指阳光明媚。

释义 闽南一带冬季的气候一般有这样的规律：三天刮风，三天下霜，随后三天是灿烂阳光。

91.【师公、糊纸，趁钱相倚】

sai³³ kɔŋ³³、kɔ²⁴ tsua⁵⁵, than⁴¹ tsĩ²⁴ sa³³ ua⁵⁵

注解 师公：作法事的道士；糊纸：糊纸人的，纸扎艺人；趁：赚；相倚：互相依靠。

释义 作法事的道士和糊纸的手艺人之间互相依靠，赚的都是死人的钱。比喻双方互相依存，共同得利。

92.【生着生著苏杭二州，死着死著福建泉州】

sĩ³³ tioʔ²⁴ sĩ³³ lə⁵⁵ sɔ³³ haŋ²⁴ li⁴¹ tsiu³³, si⁵⁵ tioʔ²⁴ si⁵⁵ lə⁵⁵ hɔk⁵⁵ kian⁴¹ tsuan²⁴ tsiu³³

注解 着：要；著：在。

释义 生要生在苏州、杭州，死要死在福建泉州。苏州、杭州，景色秀丽，是繁华之地，享有"上有天堂，下有苏杭"之美誉；泉州一带旧俗，葬礼相当隆重，令人羡慕。

93.【死爸扛去坮，死母等人来】

si⁵⁵ pe²² kŋ³³ khɯ⁴¹ tai²⁴, si⁵⁵ bu⁵⁵ tan⁵⁵ laŋ⁰ lai²⁴

注解 坮：埋。

释义 死了父亲可自己做主料理后事，死了母亲一定要等娘家人来。喻有些事注定自己做不了主。

94.【少年赡晓想，到老唔成样】

siau⁴¹ lian²⁴ bue²² hiau⁵⁵ siũ²², kau⁴¹ lau²² m⁴¹ tsiã²⁴ iũ⁴¹

注解 赡晓想：不懂得想，即不懂事；唔：不。

释义 年轻时不懂得多为将来打算，老了则不成样子，无所作为。

95.【山顶和尚头，山下断水流】

suã³³ tiŋ⁵⁵ hə²⁴ siũ⁴¹ thau²⁴, suã³³ e²² tŋ²² tsui⁵⁵ lau²⁴

注解 和尚头：指山上没有草木；断：一点儿都没有。

释义 山上光秃秃（没有草木），山下就没水流。意指没有保护植被，就会导致水土流失。

T

96.【冬节著月头，春寒雨落著年兜；冬节著月尾，霜寒雪冻正二月】

taŋ³³ tsueʔ⁵ tɯ²² gəʔ²⁴ thau²⁴, tshun³³ kuã²⁴ hɔ²² loʔ²⁴ tɯ²² li²⁴ tau³³; taŋ³³ tsueʔ⁵ tɯ²² gəʔ²⁴ bə⁵⁵, sŋ³³ kuã²⁴ səʔ⁵ taŋ⁴¹ tsiã³³ li⁴¹ gəʔ²⁴

注解 冬节：冬至；著：在；年兜：除夕，此处指春节。

释义 冬至在月初，春节寒冷下雨珠；冬至在月底，正二月里寒彻骨。意谓冬至在月初冷得早，冬至在月底冷得晚。

97.【当家即知柴米贵，出门即知行路难】

tŋ³³ ke³³ tsiaʔ⁵ tsai³³ tsha²⁴ bi⁵⁵ kui⁴¹, tshut⁵ bŋ²⁴ tsiaʔ⁵ tsai³³ kiã²⁴ lɔ⁴¹ lan²⁴

注解 即：才。

释义 意谓只有亲身经历，方知其中甘苦。

98.【大人无教示，㛸仔𣍐成器】

tua⁴¹ laŋ²⁴ bo²⁴ ka⁴¹ si⁴¹, kan⁵ ã⁵⁵ bue²² siŋ²⁴ khi⁴¹

注解 教示：教诲；㛸仔：孩子；𣍐：不会。

释义：家长不教育，孩子不成器。义同"玉不琢，不成器"。

Th

99.【趁是出泉水，食是水崩山】

than⁴¹ si²² tshut⁵ tsuã²⁴ tsui⁵⁵, tsiaʔ²⁴ si²² tsui⁵⁵ paŋ³³ suã³³

注解 趁：挣，赚。

释义 挣钱犹如源泉出水一样慢，花费恰似洪水垮山一样快。意谓挣钱不易挥霍快。

100.【天顶是天公，地上母舅公】

tiʔ³³ tiŋ⁵⁵ si²² tiʔ³³ kɔŋ³³, tue⁴¹ e²² bu⁵⁵ ku²² kɔŋ³³

注解 顶：上；母舅公：母亲的大哥。

释义 天上最大是天公，地下最大母舅公。据闽南旧俗，婚宴上母亲的大哥地位最高，应该安排在最重要的席位。"天顶是天公"亦作"天顶天公"。

101.【讨食食𣍐肥，借穿穿𣍐水】

tho⁵⁵ tsiaʔ²⁴ tsiaʔ²⁴ bue²² pui²⁴, tsioʔ⁵ tshiŋ⁴¹ bue²² sui⁵⁵

注解 讨食：讨饭吃；𣍐：不；水：漂亮。

释义 向人要饭吃吃不饱，向人借衣穿美不了。劝人应当自食其力。

TS

102.【食果子着拜树头】

tsiaʔ²⁴ kɔ⁵⁵ tsi⁵⁵ tioʔ²⁴ pai⁴¹ tshiu⁴¹ thau²⁴

注解 食：吃；着：要，得；树头：树根。

释义 想吃果子得拜树根。意指饮水要思源。

103.【众人目睭瞒𣍐过】

tsiŋ⁴¹ laŋ²⁴ bak²⁴ tsiu³³ buã²⁴ bue²² kə⁴¹

注解 目睭：眼睛；獪：不。

释义 群众的眼睛瞒不过。

104.【崇武查某，封建头，民主肚，节约衫，浪费裤】

tsiɔŋ²⁴ bu⁵⁵ tsa³³ bɔ⁵⁵, hɔŋ³³ kian⁴¹ thau²⁴, bin²⁴ tsu⁵⁵ tɔ⁵⁵, tsiat⁵ iɔk⁵ sã³³, lɔŋ⁴¹ hui⁴¹ khɔ⁴¹

注解 崇武：隶属惠安县的一个镇；查某：女子。

释义 崇武镇城外妇女的着装习惯是：头部重装饰，腹部不掩饰，衣短露肚脐，裤子宽无比。

105.【一代好某，三代好祖】

tsit²⁴ tai⁴¹ ho⁵⁵ bɔ⁵⁵, sã³³ tai⁴¹ ho⁵⁵ tsɔ⁵⁵

注解 某：老婆；祖：遗传。

释义 一代好妻室，三代好后嗣。意指娶个好妻子，影响几代人。

106.【一人主张，唔值两人思量】

tsit²⁴ laŋ²⁴ tsu⁵⁵ tiũ³³, m⁴¹ tat²⁴ lŋ²² laŋ²⁴ sɯ³³ liũ²⁴

注解 唔值：比不上。

释义 指人多智慧多。

107.【一日剃头，三日缘投】

tsit²⁴ lit²⁴ thiʔ⁵ thau²⁴, sã³³ lit²⁴ ian²⁴ tau²⁴

注解 缘投：漂亮。

释义 理一次发，漂亮三天。

108.【泉州人，个个猛】

tsuan²⁴ tsiu³³ laŋ²⁴, ko⁴¹ ko⁴¹ biŋ⁵⁵

153

注解　猛：厉害。

释义　泉州人个个都很精明能干。

109.【水停百日生虫，人闲百日破病】

tsui⁵⁵ thiŋ²⁴ pa⁔⁵ lit²⁴ sĩ³³ thaŋ²⁴, laŋ²⁴ uĩ²⁴ pa⁔⁵ lit²⁴ phua⁴¹ pĩ⁴¹

释义　水不流，百日就生虫；人不动，百日有病痛。意谓流水不会发臭，运动有益健康。

TSh

110.【树大分权，囝大分家】

tshiu⁴¹ tua⁴¹ pun³³ tshe³³, kã⁵⁵ tua⁴¹ pun³³ ke³³

注解　囝：儿子。

释义　儿女长大必然要分立门户，独自过活。

111.【千富万富，唔值家己起厝】

tshuĩ³³ pu⁴¹ ban⁴¹ pu⁴¹, m⁴¹ tat²⁴ kai²² ki⁴¹ khi⁵⁵ tshu⁴¹

注解　唔值：不值；家己：自己；起厝：盖房子。

释义　千般有钱万般富，比不上自己盖房屋。过去人们认为自己盖房子才真正是富有的象征。"唔值"亦作"比䆀过"。

112.【千家富獪荫得一家穷】

tshuĩ³³ ke³³ pu⁴¹ bue²² im⁴¹ tit⁵ tsit²⁴ ke³³ kiŋ²⁴

注解　獪：不会；荫：帮助、扶持。

释义　千家富也帮不了一家穷。指想摆脱贫困最终还得靠自己。

113.【出门看天色，煮食看米粟】

tshut⁵ bŋ²⁴ khuã⁴¹ thĩ³³ siak⁵, tsɯ⁵⁵ tsia⁔²⁴ khuã⁴¹ bi⁵⁵ tshiak⁵

释义 出门先看天气，做饭要看米粒。比喻希望成事，必须事先做好相关调查。

U

114.【有理免大声】

u^{22} li^{55} bian^{55} tua^{41} siã^{33}

注解 免：不用。

释义 有理不在声音大。

115.【有钱人惊死，无钱人惊无米】

u^{22} tsĩ^{24} laŋ^{24} kiã^{33} si^{55}, bo^{24} tsĩ^{24} laŋ^{24} kiã^{33} bo^{24} bi^{55}

注解 惊：怕。

释义 富人忧虑不能长寿，穷人担心无米下锅。

116.【有钱人惜性命，无钱人敢拍拼】

u^{22} tsĩ^{24} laŋ^{24} sioʔ^{5} sĩ^{41} biã^{41}, bo^{24} tsĩ^{24} laŋ^{24} kã^{55} phaʔ^{5} piã^{41}

注解 拍拼：打拼。

释义 富人担心身体不愿劳累，穷人为生计敢于拼命。

117.【有请有辞，有来有去】

u^{22} tshiã^{55} u^{22} si^{24}, u^{22} lai^{24} u^{22} khɯ^{41}

注解 辞：告辞。

释义 中国传统礼节，有来无往非礼也。

118.【有人万金，无人清心】

u^{22} laŋ^{24} ban^{41} kim^{33}, bo^{24} laŋ^{24} tshiŋ^{33} sim^{33}

注解 万金：家财万贯。

释义 拥有万贯家财，难有清净心怀。意指家产太丰富可能导致周边众人的觊觎，带来无穷的烦恼。亦作

"有万金就无清心"。

119.【有偌大的脚，穿偌大的鞋】

u²² lua²² tua⁴¹ e⁰ kha³³, tshiŋ⁴¹ lua²² tua⁴¹ e⁰ ue²⁴

注解 偌大：多大。

释义 喻凡事讲求实际，量力而行。

120.【有水就有渡，有山就有路】

u²² tsui⁵⁵ tsiu⁴¹ u²² tɔ⁴¹, u²² suã³³ tsiu⁴¹ u²² lɔ⁴¹

注解 渡：渡船。

释义 意指车到山前必有路。

121.【有溪就有桥，有村就有庙】

u²² khue³³ tsiu⁴¹ u²² kio²⁴, u²² tshun³³ tsiu⁴¹ u²² bio⁴¹

释义 喻指事物相伴相生，不必过分烦恼。

122.【有鱼有肉也着有菜甲】

u²² hɯ²⁴ u²² hiak²⁴ a²² tioʔ²⁴ u²² tshai⁴¹ kaʔ⁵

注解 也着：也要；甲：搭配。

释义 凡事讲求平衡搭配，红花还得绿叶扶持。

123.【有知识，野紧就出色；无知识，永远赡发迹】

u²² ti⁴¹ siak⁵, ia⁵⁵ kin⁵⁵ tsiu⁴¹ tshut⁵ siak⁵; bo²⁴ ti⁴¹ siak⁵, iŋ⁵⁵ uan⁵⁵ bue²² huat⁵ tsiak⁵

注解 野紧：很快；赡：不会。

释义 有知识，很快就有出色的表现；没知识，永远没有出头的机会。

124.【晏晏睏，早早起，米缸常常有剩米】

uã⁴¹ uã⁴¹ khun⁴¹, tsa⁵⁵ tsa⁵⁵ khi⁵⁵, bi⁵⁵ kŋ³³ siɔŋ²⁴ siɔŋ²⁴ u²² tshun²² bi⁵⁵

注解 晏：晚；睏：睡觉。

释义 晚睡早起，米缸里头总有米。意谓只要人勤快，吃穿不用愁。

125.【话甜失志，糖甜败齿】

ue⁴¹ tĩ³³ sit⁵ tsi⁴¹, thŋ²⁴ tĩ³³ pai⁴¹ khi⁵⁵

释义 话语甜蜜失斗志，蔗糖甘甜败牙齿。意谓食物甘甜容易腐蚀牙齿，甜言蜜语能够瓦解人的斗志。

126.【允人卡惨欠人】

un⁵⁵ laŋ⁰ kha⁵⁵ tsham⁵⁵ khiam⁴¹ laŋ⁰

注解 允人：答应人；卡惨：比……还厉害。

释义 答应人的事如同欠人一样。意指一诺千金。

127.【允人山顶猪，呣敢允人海里鱼】

un⁵⁵ laŋ⁰ suã³³ tiŋ⁵⁵ tɯ³³, m⁴¹ kã⁵⁵ un⁵⁵ laŋ⁰ hai⁵⁵ lai²² hɯ²⁴

注解 允人：答应人；呣敢：不敢。

释义 山上随时能去，敢答应人上山打野猪；大海变化莫测，不敢答应人下海打鱼。

ɔ

128.【乌狗拖老驴，呣捌天时卜讨渔】

ɔ³³ kau⁵⁵ thua³³ lau²² lɯ²⁴, m⁴¹ pat⁵⁵ thi³³ si²⁴ bə⁵ tho⁵⁵ hɯ²⁴

注解 乌狗拖老驴：正月二十九（乌狗爷生日）至二月初一（老驴公生日）常刮大风，不宜下海；呣捌：不懂；天时：气候；卜：要；讨渔：打鱼。

释义 正月底、二月初经常刮大风，不懂得气候怎敢去打鱼?

129.【恶妻孽子,神仙难治】

ɔk⁵ tshe³³ giat²⁴ tsɯ⁵⁵, sin²⁴ sian³³ lan²⁴ ti²²

注解 孽子:逆子。

释义 一旦遇上恶妻逆子,连神仙都束手无策。

130.【䀛天㗬值家己生】

ŋ⁴¹ thĩ³³ m⁴¹ tat²⁴ kai²² ki⁴¹ sĩ³³

注解 䀛:指望;㗬值:不如;家己:自己。

释义 指望上天恩赐,不如自己争气。

附录四：闽南语分类词表[①]

一、天文地理

天顶	thĩ³³ tiŋ⁵⁵	天空，天上
日头	lit²⁴ thau²⁴	太阳
日花仔	lit²⁴ hue³³ ã⁵⁵	稀疏的阳光
日熄	lit²⁴ sit⁵	日食
月娘	gəʔ²⁴ liũ²⁴	月亮
月熄	gəʔ²⁴ sit⁵	月食
河溪	ho²⁴ khue³³	银河
扫帚星	sau⁴¹ tshiu⁵⁵ tshĩ³³	彗星
雾露	bu⁴¹ lɔ⁴¹	雾
罩雾	tau⁴¹ bu⁴¹	雾气笼罩
雷公	lui²⁴ kɔŋ³³	雷
切掣	tshiʔ⁵ tshuaʔ⁵	闪电
填雷	tan²⁴ lui²⁴	打雷
落霜	lɔʔ²⁴ sŋ³³	下霜
落雨	lɔʔ²⁴ hɔ²²	下雨
西北雨	sai³³ pak²⁴ hɔ²²	雷阵雨
雨微仔	hɔ²² bə³³ ã⁵⁵	毛毛雨
雨须	hɔ²² tshiu³³	雨丝

[①] 附录四引自《泉州方言与文化》，王建设、张甘荔著，鹭江出版社，1994年版。

落雪	loʔ²⁴ səʔ⁵	下雪
落雹	loʔ²⁴ phau⁴¹	下冰雹
天时	thĩ³³ si²⁴	天气
好天	ho⁵⁵ thĩ³³	晴天
歹天	phai⁵⁵ thĩ³³	天气不好
开天	khui³³ thĩ³³	天气阴转晴
变天	pian⁴¹ thĩ³³	天气晴转阴
唔成天	m⁴¹ tsiã²⁴ thĩ³³	天气不好
乌阴天	ɔ³³ im³³ thĩ³³	阴天
起风	khi⁵⁵ huaŋ³³	刮风
霜风	sŋ³³ huaŋ³³	寒风
风透	huaŋ³³ thau⁴¹	风大
风台	huaŋ³³ thai³³	台风
秋清	tshiu³³ tshin⁴¹	凉快
烧热	sio³³ luaʔ²⁴	（天气）热
乌寒	ɔ³³ kuã²⁴	阴冷
水淋天	tsui⁵⁵ lam²⁴ thĩ³³	暖和潮湿，水气大的天气
乡里	hiũ³³ li⁵⁵	乡村
田园	tshan²⁴ hŋ²⁴	田地
山脚	suã³³ kha³³	山下
地土	tue⁴¹ thɔ⁵⁵	地盘，地方
清水	tshin⁴¹ tsui⁵⁵	凉水，冷水
烧水	sio³³ tsui⁵⁵	热水，温水
涂脚	thɔ²⁴ kha³³	地面，地上

苦旱	khɔ⁵⁵ uã³³	干旱
地动	tue⁴¹ taŋ²²	地震
涂粉	thɔ²⁴ hun⁵⁵	灰尘
粪扫	pun⁴¹ so⁴¹	垃圾
霸灰	pa⁴¹ hə³³	水泥
乌灰	ɔ³³ hə³³	
路头	lɔ⁴¹ thau²⁴	路口；刚开始的一段路程
路顶	lɔ⁴¹ tiŋ⁵⁵	路上
街路	kue³³ lɔ⁴¹	街道
石窟	tsioʔ²⁴ khut⁵	采石场
水窟	tsui⁵⁵ khut⁵	水坑
水泉	tsui⁵⁵ tsuã²⁴	泉源
大水	tua⁴¹ tsui⁵⁵	洪水
古井	kɔ⁵⁵ tsĩ⁵⁵	水井
草埔	tshau⁵⁵ pɔ³³	草地

二、时间方位

古早	kɔ⁵⁵ tsa⁵⁵	古代
古历	kɔ⁵⁵ liak²⁴	农历
旧年	ku⁴¹ lĩ²⁴	去年
新年	sin³³ lĩ²⁴	明年
前年	tsun²⁴ lĩ⁰	前年
顶年	tiŋ⁵⁵ lĩ²⁴	往年
逊前年	sun⁴¹ tsun²⁴ lĩ⁰	大前年

时节	si²⁴ tsueʔ⁵	时候
时阵	si²⁴ tsun⁴¹	时候
热人	luaʔ²⁴ laŋ⁰	夏天
寒人	kuã²⁴ laŋ⁰	冬天
昨日	tsa²² lit²⁴	昨天
	tsoʔ²⁴ lit⁰	前天
逊昨天	sun⁴¹ tsoʔ²⁴ lit⁰	大前天
年头	lĩ²⁴ thau²⁴	年初
年尾	lĩ²⁴ bə⁵⁵	年底
年兜	lĩ²⁴ tau³³	除夕
上元	sioŋ⁴¹ guan²⁴	元宵
五月节	gɔ²² ge²⁴ tsueʔ⁵	端午节
七娘妈生	tshit⁵ liũ²⁴ bã⁵⁵ sĩ³³	七夕
普祀	phɔ⁵⁵ si⁴¹	普渡（农历七月的盂兰盆会）
冬节	taŋ³³ tsueʔ⁵	冬至
尾牙	bə⁵⁵ ge²⁴	一年里最后一次的打牙祭，在农历十二月十六日
礼拜	le⁵⁵ pai⁴¹	星期
拜几	pai⁴¹ kui⁵⁵	星期几
礼拜日	le⁵⁵ pai⁴¹ lit²⁴	星期天
今仔日	kin³³ ã lit²⁴	今天
明仔日	bin²⁴ ã lit²⁴	明天
后日	au²² lit⁰	后天

落后日	loʔ⁵ au²² lit⁰	大后天
顶日	tiŋ⁵⁵ lit²⁴	前天
后摆	au²² pai⁵⁵	
下过	e²² kə⁴¹	下一回；将来
下摆	e²² pai⁵⁵	
往过	ɔŋ⁵⁵ kə⁴¹	以前，过去
往摆	ɔŋ⁵⁵ pai⁵⁵	
顶声	tiŋ⁵⁵ siã³³	上次
顶摆	tiŋ⁵⁵ pai⁵⁵	
顶月日	tiŋ⁵⁵ gəʔ²⁴ lit²⁴	上个月
下月日	e²² gəʔ²⁴ lit²⁴	下个月
透早	thau⁴¹ tsa⁵⁵	一大早
五更早	gɔ²² kĩ³³ tsa⁵⁵	
早起	tsa⁵⁵ khi⁵⁵	早上，上午
天光	thĩ³³ kŋ³³	早晨
天光早	thĩ³³ kŋ³³ tsa⁵⁵	
顶晡	tiŋ⁵⁵ pɔ³³	上午
顶昼	tiŋ⁵⁵ tau⁴¹	
日卜昼	lit²⁴ bəʔ²⁴ tau⁴¹	将近中午的时候
日昼	lit²⁴ tau⁴¹	中午
下昼	e²² tau⁴¹	
下晡	e²² pɔ³³	下午
暗晡	am⁴¹ pɔ³³	
日时	lit²⁴ si⁰	白天

日卜暗	lit^{24} bə$?^5$ am^{41}	天将黑的时候
暗头	am^{41} thau^{24}	入夜
暗暝	am^{41} bĩ^{24}	夜晚
暝时	bĩ^{24} si^0	晚上
半暝	puã^{41} bĩ^{24}	半夜
三更半暝	sã^{33} kĩ^{33} puã^{41} bĩ^{24}	半夜三更
顶半暝	tiŋ^{55} puã^{41} bĩ^{24}	上半夜
下半暝	e^{22} puã^{41} bĩ^{24}	下半夜
规暝	kui^{33} bĩ^{24}	整夜，通宵
规日	kui^{33} lit^{24}	整天
早晏	tsa^{55} uã^{41}	早晚
暝日	bĩ^{24} lit^{24}	日夜
暝甲日	bĩ^{24} ka$?^5$ lit^{24}	夜以继日
点声	tiam^{55} siã^{33}	钟点
几落点钟	kui^{55} lo$?^{24}$ tiam^{55} tsiŋ^{33}	好几个钟头
一对时	tsit^5 tui^{41} si^{24}	24小时
一字久	tsit^{24} li^{41} ku^{55}	五分钟
两辗半	lŋ^{22} lin^{41} puã^{41}	转眼间
目下	bak^{24} e^{22}	眼下
所在	sɔ^{55} tsai^{22}	地方
四箍辗转	si^{41} khɔ^{33} lin^{41} tŋ^{55}	周围，四周
别位	pat^{24} ui^{41}	别处
别搭	pat^{24} ta$?^5$	
顶头	tiŋ^{55} thau^{24}	上面

面顶	bin^{41} tiŋ^{55}	
顶面	tiŋ^{55} bin^{41}	
顶脚	tiŋ^{55} kha^{33}	
下底	e^{22} tue^{55}	下面
头前	thau^{24} tsuĩ^{24}	前面
面头前	bin^{41} thau^{24} tsuĩ^{24}	面前
后壁	au^{22} piaʔ^{5}	后面
内沟	lai^{22} kau^{33}	里面
外口	gua^{41} khau^{55}	外面
口面	khau^{55} bin^{41}	
边头	pĩ^{33} thau^{0}	旁边
角头	kak^{5} thau^{0}	角落
斡角	uat^{5} kak^{5}	拐角处
落尾	lɔ^{22} bə^{55}	后面，后来
尾溜	bə^{55} liu^{33}	末端；末尾，后边
尽尾	tsin^{22} bə^{55}	终点；尽头
正手	tsiã^{41} tshiu^{55}	右边
倒手	to^{41} tshiu^{55}	左边
南爿	lam^{24} puĩ^{0}	南边
北爿	pak^{5} puĩ^{0}	北边

三、指代数量

家己	kai^{22} ki^{41}	自己
家己人	kai^{22} ki^{41} laŋ^{24}	自己人

安尔	an^{33} li^{33}	这样
安尔生	an^{33} li^{33} si^{33}	
甚乜	$siam^{55}$ $mĩʔ^{5}$	什么
某乜	$bɔ^{55}$ $mĩʔ^{5}$	某某
别乜	pat^{5} $mĩʔ^{5}$	别的
某乜人	$bɔ^{55}$ $mĩʔ^{5}$ $laŋ^{24}$	某人
甚乜时阵	$siam^{55}$ $mĩʔ^{5}$ si^{24} $tsun^{41}$	什么时候
甚乜所在	$siam^{55}$ $mĩʔ^{5}$ $sɔ^{55}$ $tsai^{22}$	什么地方
哪落	to^{55} $loʔ^{5}$	哪儿
甚人	$siã^{55}$ $laŋ^{55}$	什么人
底时	$tɯ^{22}$ si^{24}	什么时候
底带	$tɯ^{22}$ $tə^{41}$	哪里
偌济	lua^{22} $tsue^{41}$	多少
种牙	$tsiɔŋ^{55}$ ge^{24}	这种
响牙	$hiɔŋ^{55}$ ge^{24}	那种
逐牙	tak^{24} ge^{24}	每个
逐摆	tak^{24} pai^{55}	每次
即牙	$tsit^{5}$ ge^{24}	这个
即股	$tsit^{5}$ $kɔ^{55}$	
即款	$tsit^{5}$ $kuan^{55}$	这种
即摆	$tsit^{5}$ pai^{55}	这次
即搭	$tsit^{5}$ $taʔ^{5}$	这里
即位	$tsit^{5}$ ui^{41}	
即几日	$tsit^{5}$ kui^{55} lit^{24}	这几天

即月日	tsit⁵ geʔ²⁴ lit²⁴	这个月
即气仔	tsit⁵ khui⁴¹ ã⁵⁵	这阵子
即站时	tsit⁵ tsam²² si²⁴	这时
迄搭	hit⁵ taʔ⁵	那里
迄阵	hit⁵ tsun⁴¹	那时
迄几日	hit⁵ kui⁵⁵ lit²⁴	那几天
一缚箸	tsit²⁴ pak²⁴ tɯ⁴¹	一束筷子
两奇鞋	lŋ²² kha³³ ue²⁴	两只鞋
三丛树	sã³³ tsaŋ²⁴ tshiu⁴¹	三棵树
四块碗	si⁴¹ tə⁴¹ uã⁵⁵	四个碗
五蕊花	gɔ²² lui⁵⁵ hue³³	五朵花
六矸酒	lak⁵ kan³³ tsiu⁵⁵	六瓶酒
七箍银	tshit⁵ khɔ³³ gun²⁴	七块钱
八尖钱	pueʔ⁵ tsiam³³ tsĩ²⁴	八分钱
九卷册	kau⁵⁵ kŋ⁵⁵ tsheʔ⁵	九本书
十把车	tsap²⁴ pe⁵⁵ tshia³³	十辆车
一半摆	tsit²⁴ puã⁴¹ pai⁵⁵	一两次
三两缚	sã³³ lŋ²² pak²⁴	两三捆
五七声	gɔ²² tshit⁵ siã³³	好几次
几落位	kui⁵⁵ loʔ²⁴ ui⁴¹	好几处
十所过	ksap²⁴ sɔ⁵⁵ kə⁴¹	十来回
百外款	paʔ⁵ gua⁴¹ khuan⁵⁵	一百多样
百吐双	paʔ⁵ thɔ⁵⁵ saŋ³³	一百多双
规千牙	kui³³ tshuĩ³³ ge²⁴	上千个

成万领	tsiã^{24} ban^{41} liã^{55}	上万件
拢总	lɔŋ^{55} tsɔŋ^{55}	全部
拢共	liɔŋ^{55} kiɔŋ^{41}	一共
淡薄	tam^{41} poʔ^{24}	些许
一丝仔	tsit^{24} si^{33} ã^{55}	一点点
加减	ge^{33} giam^{55}	或多或少
偌久	lua^{22} ku^{55}	多久
无偌久	bo^{24} lua^{22} ku^{55}	不久
偌济	lua^{22} tsue^{41}	多少
无偌济	bo^{24} lua^{22} tsue^{41}	不太多

四、动物植物

众生	tsiŋ^{33} sĩ^{33}	牲口，畜牲
赤鼠	tshiaʔ^{5} tshɯ^{55}	黄鼠狼
虎母	hɔ^{55} bu^{55}	母老虎
猫母	liaũ^{33} bu^{55}	
猫公	liaũ^{33} kɔŋ^{33}	公猫
猪哥	tɯ^{33} ko^{33}	配种的公猪
猪母	tɯ^{33} bu^{55}	母猪
小脏	sio^{55} tsŋ^{41}	猪小肠
猪尺	tɯ^{33} tshioʔ^{5}	猪的胰脏
猪料	tɯ^{33} liau^{41}	猪血
猪脚	tɯ^{33} kha^{33}	猪腿
鸡角	kue^{33} kak^{5}	公鸡

鸡健	kue³³ lua⁴¹	（未下过蛋的）母鸡
鸡母	kue³³ bu⁵⁵	母鸡
番鸭	huan³³ aʔ⁵	鸭的一个品种
鸭卵	aʔ⁵ lŋ²²	鸭蛋
老鹗	la²² hioʔ²⁴	老鹰
日婆	lit²⁴ po²⁴	蝙蝠
娘仔	liũ²⁴ ã⁵⁵	蚕
火萤	hə⁵⁵ iã²⁴	萤火虫
金龟	kim³³ ku³³	金壳郎
狗蚁	kau⁵⁵ hia²²	蚂蚁
猴蚓	kau²⁴ un⁵⁵	蚯蚓
狗仔虫	kau⁵⁵ ã⁵⁵ thaŋ²⁴	毛毛虫
胡蝇	hɔ²⁴ sin²⁴	苍蝇
蠓仔	baŋ⁵⁵ ã⁵⁵	蚊子
水鸡	sui⁵⁵ kue³³	田鸡
沙蟟	sua³³ la²⁴	蛤蜊
涂虱	thɔ²⁴ sat⁵	鲇鱼
河溜	hɔ²⁴ liu³³	泥鳅
涂豆	thɔ²⁴ tau⁴¹	花生
涂豆仁	thɔ²⁴ tau⁴¹ lin²⁴	花生米
奶豆	lin³³ tau⁴¹	豌豆
红菜	aŋ²⁴ tshai⁴¹	茄子
冬瓜	taŋ³³ kue³³	南瓜
大瓜	tua⁴¹ kue³³	冬瓜

瓜仔	kue³³ ã⁵⁵	黄瓜
暑瓜	tshɯ⁵⁵ kue³³	丝瓜
甘仔得	kam³³ ã⁵⁵ tit⁵	西红柿
菜头	tshai⁴¹ thau²⁴	白萝卜
萝卜	la²⁴ pak²⁴	红萝卜
树薯	tshiu⁴¹ tsɯ²⁴	木薯
豆生	tau⁴¹ sĩ³³	豆芽菜
姜母	kiũ³³ bu⁵⁵	老姜
番姜	huan³³ kiũ³³	辣椒
霸葱	pa⁴¹ tshaŋ³³	洋葱
金针菜	kim³³ tsam³³ tshai⁴¹	黄花菜
高丽菜	ko³³ le²⁴ tshai⁴¹	结球甘蓝
菠伦菜	pɔ³³ lun²⁴ tshai⁴¹	菠菜
果子	kə⁵⁵ tsi⁵⁵	水果
龙眼	guĩ²⁴ guĩ⁵⁵	桂圆
龙眼干	guĩ²⁴ guĩ⁵⁵ kuã³³	桂圆干
柿果	khi²² kə⁵⁵	柿饼
风鼓	huaŋ³³ kɔ⁵⁵	洋桃
尾荠	bə⁵⁵ tsi²⁴	荸荠
弓蕉	kiŋ³³ tsio³³	香蕉
凤梨	ɔŋ⁴¹ lai²⁴	菠萝
红柑	aŋ²⁴ kã³³	柑

五、房屋器具

厝宅	tshu⁴¹ theʔ²⁴	住宅
大厝	tua⁴¹ tshu⁴¹	大宅院
洋楼	iũ²⁴ lau²⁴	楼房
楼顶	lau²⁴ tiŋ⁵⁵	楼上
楼脚	lau²⁴ kha³³	楼下
间隔	kuĩ³³ keʔ⁵	（房屋）间架
睏房	khun⁴¹ paŋ²⁴	卧室
册房	tsheʔ⁵ paŋ²⁴	书房
护厝	hɔ⁴¹ tshu⁴¹	厢房
灶脚	tsau⁴¹ kha³³	厨房
洗身间	sue⁵⁵ sin³³ kuĩ³³	浴室
墙脚	tshiũ²⁴ kha³³	墙角，墙根
烟筒	ian³³ taŋ²⁴	烟囱
深井	tshim³³ tsĩ⁵⁵	天井
扶柱	phɔ²⁴ thiau²²	顶梁柱
眠床	bin²⁴ tshŋ²⁴	床，床铺
棉绩	bĩ²⁴ tsioʔ⁵	棉絮
床巾	tshŋ²⁴ kun³³	床单
被壳	phə²² khak⁵	被套
篾席	biʔ²⁴ tshioʔ²⁴	竹篾编成的凉席
屉柜	thuaʔ⁵ kui⁴¹	抽屉
椅条	i⁵⁵ liau²⁴	条椅
椅头	i⁵⁵ thau²⁴	方凳

捋仔	lua^{24} ã^{55}	梳子
柴梳	tsha^{24} sue^{33}	木梳
面桶	bin^{41} thaŋ^{55}	脸盆
面巾	bin^{41} kun^{33}	毛巾
雪文	sap^{5} bun^{24}	肥皂
芳雪文	phaŋ^{33} sap^{5} bun^{24}	香皂
水攥头	tsui^{55} tsuan^{22} thau^{24}	水龙头
铰剪	ka^{33} tsian^{55}	剪刀
臭丸	tshau^{41} ĩ^{24}	樟脑丸
电涂	tian^{41} thɔ^{24}	干电池
物件	bŋ^{24} kiã^{22}	东西
茶瓶	te^{24} pan^{24}	茶壶
茶钴	te^{24} kɔ^{55}	烧水的壶
电罐	tian^{41} kuan^{41}	热水瓶
电瓶	tian^{41} pan^{24}	
大鼎	tua^{41} tiã^{55}	大铁锅
鼎盖	tiã^{55} kua^{41}	锅盖
火擦	hə^{55} tshat^{5}	火柴
笼床	laŋ^{24} sŋ^{24}	蒸笼
煎匙	tsian^{33} si^{24}	锅铲
矸仔	kan^{33} ã^{55}	瓶子
矸塞	kan^{24} that^{5}	瓶塞
胡蝶	ɔ^{24} tiap^{24}	合叶

六、人体人品

身躯	sin^{33} khu^{33}	身体，躯干
头壳	thau^{24} khak^{5}	脑袋
头壳碗	thau^{24} khak^{5} uã^{55}	天灵盖
头壳顶	thau^{24} khak^{5} tiŋ^{55}	头顶
头额	thau^{24} hiaʔ^{24}	额头
天平	thian^{33} piŋ^{24}	天庭，脑门子
太阳边	thai^{41} iɔŋ^{24} pian^{33}	太阳穴
头毛	thau^{24} bŋ^{24}	头发
髻仔	kə^{41} ã^{55}	辫子
面水	bin^{41} tsui^{55}	相貌
面皮	bin^{41} phə^{24}	脸皮
面模	bin^{41} bɔ^{24}	脸形
面色	bin^{41} siak^{5}	脸色，气色
嘴面	tshui^{41} bin^{41}	嘴脸
目眉	bak^{24} bai^{24}	眉毛
目屎	bak^{24} sai^{55}	眼泪
目油	bak^{24} iu^{24}	眼中的一种分泌物
目屎膏	bak^{24} sai^{55} ko^{33}	眼屎
目睭	bak^{24} tsiu^{33}	眼睛
目睭皮	bak^{24} tsiu^{33} phə^{24}	眼睑
目仁	bak^{24} lin^{24}	眼珠
白仁	peʔ^{24} lin^{24}	白眼珠
乌仁	ɔ^{33} lin^{24}	黑眼珠

重巡	tiŋ²⁴ sun²⁴	双眼皮
目神	bak²⁴ sin²⁴	眼神
目色	bak²⁴ siak⁵	眼力，目光
目尾	bak²⁴ bə⁵⁵	眼角
目角	bak²⁴ kak⁵	
鼻仔	phi⁴¹ ã⁵⁵	鼻子
鼻腔	phi⁴¹ khaŋ³³	鼻，鼻孔
鼻水	phi⁴¹ tsui⁵⁵	鼻涕
耳仔	hi²² ã⁵⁵	耳朵
耳腔	hi²² khaŋ³³	
耳膜	hi²² boʔ²⁴	鼓膜
耳镜	hi²² kiã⁴¹	
下斗	e²² tau⁵⁵	下巴
下颏	e²² hai²⁴	
舌仔	tsiʔ²⁴ ã⁵⁵	舌头
嘴腔	tshui⁴¹ khaŋ³³	嘴里
嘴边	tshui⁴¹ pĩ³³	腮帮子
嘴齿	tshui⁴¹ khi⁵⁵	牙齿
蛀齿	tsiu⁴¹ khi⁵⁵	龋齿
嘴须	tshui⁴¹ tshiu³³	胡子
胡须	hɔ²⁴ tshiu³³	络腮胡子
咙喉	lã²⁴ au²⁴	喉咙
胸坎	hiŋ³³ kham⁵⁵	胸脯
腹肚	pak⁵ tɔ⁵⁵	肚子

腹脐	pak⁵ tsai²⁴	肚脐
巴脊	pa³³ tsiaʔ⁵	脊背
肩头	kuĩ³³ thau²⁴	肩膀
饭匙骨	pŋ⁴¹ si²⁴ kut⁵	肩胛骨
手骨	tshiu⁵⁵ kut⁵	手
正手	tsiã⁴¹ tshiu⁵⁵	右手
倒手	to⁴¹ tshiu⁵⁵	左手
掌甲	tsŋ⁵⁵ kaʔ⁵	指甲
拳头拇	kun²⁴ thau²⁴ bu⁵⁵	拳头
尾指仔	bə⁵⁵ tsuĩ⁵⁵ ã⁵⁵	小指
脚骨	kha³³ kut⁵	脚
脚盘	kha³³ puã²⁴	脚背
脚目	kha³³ bak²⁴	踝子骨
脚后靪	kha³³ au²² tĩ³³	脚后跟
脚迹	kha³³ liaʔ⁵	脚印，足迹
脚迹底	kha³³ tsiaʔ⁵ tue⁵⁵	脚掌
气力	khui⁴¹ lat²⁴	力气
力草	lat²⁴ tshau⁵⁵	
记示	ki⁴¹ si⁴¹	记忆力
记持	ki⁴¹ ti²⁴	
破相	phua⁴¹ siũ⁴¹	残疾
缘投	ian²⁴ tau²⁴	（男性）漂亮；标致
外气	gua⁴¹ khui⁴¹	洋气
疾势	khiap⁵ si⁴¹	丑陋

幼骨	iu⁴¹ kut⁵	
粗粕	tshɔ³³ phoʔ⁵	粗壮
臭老	tshau⁴¹ lau²²	老相
大股	tua⁴¹ kɔ⁵⁵	身材高大
大粒子	tua⁴¹ liap⁵ tsi⁵⁵	
细股	sue⁴¹ kɔ⁵⁵	身材矮小
倒手拐	to⁴¹ tshiu⁵⁵ kuai⁵⁵	左撇子
瘸脚	khə²⁴ kha³³	瘸腿

七、亲属称谓

太公	tai⁴¹ kɔŋ³³	曾祖父
太妈	tai⁴¹ bã⁵⁵	曾祖母
阿公	a³³ kɔŋ³³	祖父
阿妈	a³³ bã⁵⁵	祖母
老爸	lau²² pe²²	父亲（背称）
老母	lau²² bu⁵⁵	母亲（背称）
阿爸	a³³ pa⁴¹	爸爸（面称）
阿母	a³³ bu⁵⁵	妈妈（面称）
阿伯	a³³ peʔ⁵	伯父
阿姆	a³³ m⁵⁵	伯母；尊称年纪大的女性
阿叔	a³³ tsiak⁵	叔父
阿婶	a³³ tsim⁵⁵	叔母
阿姑	a³³ kɔ³³	姑妈
姑丈	kɔ³³ tiũ²²	姑父

阿姨	a^{33} i^{24}	姨妈
姨丈	i^{24} tiũ^{22}	姨父
姑妈	kɔ^{33} bã^{55}	姑祖母
姨妈	i^{24} bã^{55}	姨祖母
乾官	ta^{33} kuã^{33}	公公
乾家	ta^{33} ke^{33}	婆婆
亲家	tshiŋ^{33} ke^{33}	亲家公
亲姆	tshĩ^{33} m^{55}	亲家母
囝婿	kã^{55} sai^{41}	女婿
新妇	sin^{33} pu^{22}	媳妇
囝新妇	kã^{55} sin^{33} pu^{22}	儿子和儿媳的总称
新妇仔	sin^{33} pu^{22} ã^{55}	童养媳
外家公	gua^{41} ke^{33} kɔŋ^{33}	外祖父
外家妈	gua^{41} ke^{33} bã^{55}	外祖母
阿舅	a^{33} ku^{22}	舅父
阿妗	a^{33} kim^{22}	舅母
囝儿	kã^{55} li^{24}	儿女
孤囝	kɔ^{33} kã^{55}	独子
阿兄	a^{33} hiã^{33}	哥哥
阿嫂	a^{33} so^{55}	兄之妻（面称）
兄嫂	hiã^{33} so^{55}	兄之妻（背称或尊称）
阿姊	a^{33} tsi^{55}	姐姐
姊丈	tsi^{55} tiũ^{22}	姐夫
小弟	sio^{55} ti^{22}	弟弟

小婶	sio^{55} tsim^{55}	弟妇
小妹	sio^{55} bə^{41}	妹妹
妹婿	bə^{41} sai^{41}	妹之夫
隔腹兄弟	keʔ^5 pak^5 hiã^{33} ti^{22}	堂兄弟
查某孙	tsa^{33} bɔ^{55} sun^{33}	孙女和外孙女
同门	taŋ^{24} bŋ^{24}	连襟
同姒	taŋ^{24} sai^{41}	妯娌
翁某	aŋ^{33} bɔ^{55}	夫妻
某囝	bɔ^{55} kã^{55}	妻子和儿女，泛指家小
后头	au^{22} thau^{24}	娘家
大娘姑	tua^{41} liũ^{24} kɔ^{33}	大姑子
小姑	sio^{55} kɔ^{33}	小姑子
小叔	sio^{55} tsiak^5	丈夫的弟弟
大姨	tua^{41} i^{24}	妻子的姐姐
姨仔	i^{24} ã^{55}	小姨子
大舅	tua^{41} ku^{22}	母亲的长兄；妻子的长兄
舅仔	ku^{22} ã^{55}	小舅子
大伯	tua^{41} peʔ^5	父亲的长兄；丈夫的长兄
孙仔	sun^{33} ã^{55}	侄儿
刀仔	to^{33} ã^{55}	儿子
查某仔	tsa^{41} bɔ^{55} ã^{55}	女儿
查某孙	tsa^{33} bɔ^{55} sun^{33}	孙女
亲堂	tshin^{33} tɔŋ^{24}	堂亲，同宗而非嫡亲的
亲情	tshin^{33} tsiã^{24}	亲戚

换帖	uã⁴¹ thiap⁵	结拜
祀大人	si²² tua⁴¹ laŋ²⁴	泛指父母亲
祀大	si²² tua⁴¹	排行老大
字匀	li⁴¹ un²⁴	辈分
同字匀	taŋ²⁴ li⁴¹ un²⁴	同辈分
顶匀	tiŋ⁵⁵ un²⁴	前辈
下匀	e²² un²⁴	后辈
乾埔	ta³³ pɔ³³	男，男人
查某	tsa³³ bɔ⁵⁵	女，女人
老查某	lau²² tsa³³ bɔ⁵⁵	年老的妇女（含厌恶意）；丈夫对人谦称自己的妻子
简仔	kan⁵⁵ ã⁵⁵	孩子
少年家	siau⁴¹ lian²⁴ ke³³	小伙子
后生家	hau²² sĩ³³ ke³³	
先生	sian³³ sĩ³³	医生，老师
先生娘	sian³³ sĩ³³ liũ²⁴	师母
头家	thau²⁴ ke³³	老板
头家娘	thau²⁴ ke³³ liũ²⁴	老板娘
乞食	khit⁵ tsiaʔ²⁴	乞丐
新脚数	sin³³ kha³³ siau⁴¹	生手，新手
好脚数	ho⁵⁵ kioʔ²⁴ siau⁴¹	好手
师父	sai³³ hu²²	师傅
师仔	sai³³ ã⁵⁵	徒弟
生理人	sŋ³³ li⁵⁵ laŋ²⁴	商人

做生理的	tsue⁴¹ sŋ³³ li⁵⁵ e⁰	
厝主	tshu⁴¹ tsu⁵⁵	房东
厝边	tshu⁴¹ pĩ³³	邻居
厝边头尾	tshu⁴¹ pĩ³³ thau²⁴ bə⁵⁵	左邻右舍

八、性质状态

呣着	m⁴¹ tioʔ²⁴	不对
贫惮	pan²⁴ tuã²²	懒惰
臭惮	tshau⁴¹ tuã²²	
臭肉	tshau⁴¹ hiak²⁴	
臭贱	tshau⁴¹ tsian⁴¹	（植物）易成活
臭笨	tshau⁴¹ pun²²	笨拙
臭重	tshau⁴¹ taŋ²²	极重
臭清	tshau⁴¹ tshin⁴¹	（天气）很凉
臭浊	tshau⁴¹ tsɔk²⁴	过时
臭俗	tshau⁴¹ sioʔ²⁴	乏味
清气	tshiŋ³³ khi⁴¹	干净
卵青	lŋ²² tshĩ³³	蛋青
欢喜	huã³³ hi⁵⁵	高兴，痛快
有剧	u²² kiɔk²⁴	有趣
无剧	bo²⁴ kiɔk²⁴	没趣
有盘	u²² puã²⁴	合算；划得来
有折	u²² tsiat⁵	
无盘	bo²⁴ puã²⁴	不合算

有挡头	u^{22} tɔŋ^{41} thau^{24}	耐力强
有量	u^{22} liɔŋ^{41}	气量大
无量	bo^{24} liɔŋ^{41}	气量小
有额	u^{22} giaʔ^{24}	（产生的）数量多
够额	kau^{41} giaʔ^{24}	足够
无额	bo^{24} giaʔ^{24}	（产生的）数量少
有康	u^{22} khaŋ^{33}	富有
有影	u^{22} iã^{55}	真实
无影	bo^{24} iã^{55}	虚假
无影无迹	bo^{24} iã^{55} bo^{24} tsiaʔ^{5}	
怯使	kiap^{5} sai^{55}	吝啬
咸涩	kiam^{24} siap^{5}	
骨力	kut^{51} at^{24}	勤快
细腻	sue^{41} li^{41}	谨慎，小心
够角	kau^{41} kak^{5}	周到
周至	tsiu^{33} tsi^{41}	
四正	si^{41} tsiã^{41}	端正
着势	tioʔ^{24} se^{41}	得势；得法
斟酌	tsim^{33} tsiɔk^{5}	小心，当心
古意	kɔ^{55} i^{41}	忠厚
妥直	tho^{41} tit^{24}	直爽
渍汁	tsiʔ^{5} tsap^{5}	好生事，好找碴
假死	ke^{55} si^{55}	假惺惺
厚话	kau^{22} ue^{41}	爱说话

厚面皮	kau^{22} bin^{41} phə^{24}	脸皮厚
顾谦	kɔ^{41} khiam^{33}	谦虚
好胆	ho^{55} tã^{55}	胆量大
有胆	u^{22} tã^{55}	
无胆	bo^{24} tã^{55}	胆量小
牛蹢	gu^{24} tu^{24}	蛮不讲理
跳鬼	thiau^{41} kui^{55}	活泼好动
活鬼	uaʔ^{5} kui^{55}	机灵，活泼
失德	sit^{24} tiak^{24}	缺德；凄惨
败害	pai^{41} hai^{41}	害处
大手面	tua^{41} tshiu^{55} bin^{41}	花钱大手大脚
二步八	li^{41} pɔ^{41} pueʔ^{5}	两下子
生份	sĩ^{33} hun^{41}	陌生
熟事	siak^{24} sai^{41}	熟悉
费气	hui^{41} khi^{41}	费事，麻烦
会赴	e^{22} hu^{41}	来得及
䪾赴	bue^{22} hu^{41}	来不及
差淡薄	tsha^{33} tam^{41} poʔ^{24}	差点儿
小可	sio^{55} khua^{55}	稍微
各卡	koʔ^{5} kha^{41}	更加
清采	tshin^{41} tshai^{55}	随便
量约	liɔŋ^{41} iɔk^{5}	
量早	liɔŋ^{41} tsa^{55}	趁早；及早
刁工	thiau^{33} kaŋ^{33}	特意

刁意故	thiau³³ i⁴¹ kɔ⁴¹	故意
拄好	tu⁵⁵ ho⁵⁵	正好
拄迁	tu⁵⁵ tshian³³	
拄卜	tu⁵⁵ bə¤⁵	正要
无拄拄	bo²⁴ tu⁵⁵ tu⁵⁵	未必
迁迁	tshian³³ tshian³³	刚好
迁拄迁	tshian³³ tu⁵⁵ tshian³³	刚刚好
平平	pĩ²⁴ pĩ²⁴	一样，同样
随随	sui²⁴ sui²⁴	马上，立刻
头先	thau²⁴ suĩ³³	刚才
头拄仔	thau²⁴ tu⁵⁵ ã⁵⁵	
拄拄	tu⁵⁵ tu⁵⁵	刚刚，刚才
拄即	tu⁵⁵ tsia¤⁵	
长长	tŋ²⁴ tŋ²⁴	常常
定定	tiã⁴¹ tiã⁴¹	老是；静止不动
临当时	lim²⁴ tɔŋ³³ si²⁴	临时
在在	tsai²² tsai²²	镇定不动
自本	tsɯ⁴¹ pun⁵⁵	本来
会出得	e²² tshut⁵ lit⁰	舍得
獪出得	bue²² tshut⁵ lit⁰	舍不得
横直	huĩ²⁴ tit²⁴	反正；横竖
软糊糊	lŋ⁵⁵ kɔ²⁴ kɔ²⁴	软绵绵
粗耙耙	tshɔ³³ pe²⁴ pe²⁴	毛糙
阔莽莽	khua¤⁵ bɔŋ⁵⁵ bɔŋ⁵⁵	宽阔无边

烂渣渣	luã⁴¹ tse³³ tse³³	稀烂
碎糊糊	tshui⁴¹ kɔ²⁴ kɔ²⁴	破碎
臭荃荃	tshau⁴¹ hiam³³ hiam³³	臭烘烘
活跳跳	uaʔ²⁴ thiau⁴¹ thiau⁴¹	活蹦乱跳

九、红白诸事

做亲情	tsue⁴¹ tshin³³ tsiã²⁴	做媒
娶人	tshua⁴¹ laŋ²⁴	娶新娘
出客	tshut⁵ kheʔ⁵	出嫁
嫁查某仔	ke⁴¹ tsa³³ bɔ⁵⁵ ã⁵⁵	嫁女儿
过门	kə⁴¹ bŋ²⁴	嫁入夫家
过房	kə⁴¹ paŋ²⁴	过继
各娶	koʔ⁵ tshua⁴¹	再娶
各嫁	koʔ⁵ ke⁴¹	再嫁
带身	tua⁴¹ sin³³	怀孕
大腹肚	tua⁴¹ pak⁵ tɔ⁵⁵	
病囝	pĩ⁴¹ kã⁵⁵	害喜
做月内	tsue⁴¹ geʔ²⁴ lai²²	坐月子
度晬	tɔ⁴¹ tsə⁴¹	（婴儿）周岁
入厝	lip²⁴ tshu⁴¹	迁新居
请桌	tshiã⁵⁵ toʔ⁵	请客
开桌	khui³³ toʔ⁵	设宴
办桌	pan⁴¹ toʔ⁵	
食桌	tsiaʔ²⁴ toʔ⁵	赴宴

世事	se⁴¹ sɯ⁴¹	礼俗
过身	kə⁴¹ sin³³	去世
夭寿	iau⁵⁵ siu⁴¹	年轻而亡
拍歹	phaʔ⁵ phai⁵⁵	婉指婴儿夭折
报死	po⁴¹ si⁵⁵	报丧
放白帖	paŋ⁴¹ peʔ²⁴ thiap⁵	
做功德	tsue⁴¹ kɔŋ³³ tiak²⁴	做道场
出山	tshut⁵ suã³³	出殡
出葬	tshut⁵ tsɔŋ⁴¹	
对年	tui⁴¹ lĩ²⁴	（用于丧事）满一年；周年
三年	sã³³ lĩ²⁴	（用于丧事）满二年
金银钱	kim³³ gun²⁴ tsĩ²⁴	奠仪
金纸	kim³³ tsua⁵⁵	冥钞
巡风水	sun²⁴ hɔŋ³³ sui⁵⁵	扫墓
巡墓	sun²⁴ bɔ⁴¹	
做忌	tsue⁴¹ ki⁴¹	忌日纪念
神主	sin²⁴ tsu⁵⁵	灵牌；灵位
神牌	sin²⁴ pai²⁴	旧时宗庙、祠堂或祭祀时设立的牌位
师公	sai³³ kɔŋ³³	道士
清姑	tshiŋ³³ kɔ³³	尼姑
下愿	he²² guan⁴¹	许愿
发愿	huat⁵ guan⁴¹	

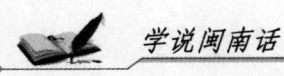

保庇	pɔ⁵⁵ pi⁴¹	保佑
灵圣	liŋ²⁴ siã⁴¹	（菩萨）灵
食菜	tsiaʔ²⁴ tshai⁴¹	吃素

十、饮食服饰

早顿	tsa⁵⁵ dŋ⁴¹	早饭
食早起	tsiaʔ²⁴ tsa⁵⁵ khi⁵⁵	吃早饭
日昼顿	lit²⁴ tau⁴¹ dŋ⁴¹	午饭
食日昼	tsiaʔ²⁴ lit²⁴ tau⁴¹	吃午饭
暗顿	am⁴¹ dŋ⁴¹	晚饭
食暗	tsiaʔ²⁴ am⁴¹	吃晚饭
饮糜	am⁵⁵ bə²⁴	稀饭
饮汤	am⁵⁵ thŋ³³	米汤
潘缸	phun³³ kŋ³³	泔水缸
臭酸	tshau⁴¹ sŋ³³	（饭菜）馊
贮饭	ue⁵⁵ pŋ⁴¹	盛饭
草菜	tshau⁵⁵ tshai⁴¹	蔬菜；青菜
腹内	pak⁵ lai²²	（动物）内脏
面头	bĩ⁴¹ thau²⁴	馒头
面干	bĩ⁴¹ kuã³³	线面
油炸鬼	iu²⁴ tsaʔ²⁴ kui⁵⁵	油条
鸡卵糕	kue³³ lŋ²² ko³³	蛋糕
冰条	piŋ³³ tiau²⁴	冰棒
豆花	tau⁴¹ hue³³	豆腐脑

豆油	tau⁴¹ iu²⁴	酱油
豆奶	tau⁴¹ lin³³	豆浆
水丸	tsui⁵⁵ ĩ²⁴	鱼丸
皮蛋	phi²⁴ tan⁴¹	松花蛋
茶心	te²⁴ sim³³	茶叶
茶配	te²⁴ phə⁴¹	茶点
蜜味	bit²⁴ bi⁴¹	蜜饯
李咸	li⁵⁵ kiam²⁴	带咸味的蜜李子
麦牙膏	beʔ²⁴ ge²⁴ ko³³	麦牙糖
米芳	bi⁵⁵ phaŋ³³	爆米花
食茶	tsiaʔ²⁴ te²⁴	喝茶
啉酒	lim³³ tsiu⁵⁵	喝酒
烧熏	sio³³ hun³³	抽烟
好嘴斗	ho⁵⁵ tshui⁴¹ tau⁵⁵	不挑食
歹嘴斗	phai⁵⁵ tshui⁴¹ tau⁵⁵	挑食
乌糖	ɔ³³ thŋ²⁴	红糖
糖霜	thŋ²⁴ sŋ³³	冰糖
味素	bi⁴¹ sɔ⁴¹	味道
味素粉	bi⁴¹ sɔ⁴¹ hun⁵⁵	味精
蒜绒	sŋ⁴¹ lioŋ²⁴	蒜泥
金针菜	kim³³ tsam³³ tshai⁴¹	黄花菜
滚水	kun⁵⁵ tsui⁵⁵	开水
烧汤	sio³³ thŋ³³	热的菜汤；热水
羊毛	iũ²⁴ bŋ²⁴	毛线

187

洋装	iũ²⁴ tsɔŋ³³	西服
衫连裙	sã³³ liam²⁴ kun²⁴	连衣裙
云衫衫	hun²⁴ sam³³ sã³³	衬衣
外衫	gua⁴¹ sã³³	外衣
纱仔衫	se³³ ã⁵⁵ sã³³	汗衫
连头囊	liam²⁴ thau²⁴ lɔŋ²⁴	套头衫
甲仔	kaʔ⁵ ã⁵⁵	背心，马甲
羊毛甲	iũ²⁴ bŋ²⁴ kaʔ⁵	毛背心
睏衫	khun⁴¹ sã³³	睡衣
跑裤	phau⁵⁵ khɔ⁴¹	衬裤
棉裘	bĩ²⁴ hiu²⁴	棉袄
开脚裤	khui³³ kha³³ khɔ⁴¹	开裆裤
手碗	tshiu⁵⁵ ŋ⁵⁵	衣袖
手袖	tshiu⁵⁵ siu⁴¹	袖套
手囊	tshiu⁵⁵ lɔŋ²⁴	手套
裤脚	khɔ⁴¹ kha³³	裤腿
裤插	khɔ⁴¹ tshaʔ⁵	裤裆
裤头带	khɔ⁴¹ thau²⁴ tua⁴¹	腰带
雨衫	hɔ²² sã³³	雨衣
雨披	hɔ²² phi³³	（骑自行车用的）雨衣
招瓢	tsiau³³ phio²⁴	毡帽
胖纱	pɔŋ⁴¹ se³³	绒头绳
手指	tshiu⁵⁵ tsi⁵⁵	戒指
手圈	tshiu⁵⁵ khuan³³	手镯

脚圈	kha³³ khuan³³	脚镯
手巾	tshiu⁵⁵ kun³³	手帕
领巾	liã⁵⁵ kun³³	围巾
围身巾	iu²⁴ sin³³ kun³³	围裙
尿燥	lio⁴¹ so⁴¹	尿布
浅拖	tshian⁵⁵ thua³³	拖鞋
鞋拖	ue²⁴ thua³³	
水鞋	tsui⁵⁵ ue²⁴	雨靴
空气鞋	kɔŋ³³ khi⁴¹ ue²⁴	凉鞋

十一、行为动作

洗面	sue⁵⁵ bin⁴¹	洗脸
洗嘴	sue⁵⁵ tshui⁴¹	刷牙
洗身	sue⁵⁵ sin³³	洗澡
歇睏	hioʔ⁵ khun⁴¹	歇气，休息
剃头	thiʔ⁵ thau²⁴	理发
剪头	tsian⁵⁵ thau²⁴	理发
捋头	luaʔ²⁴ thau²⁴	梳头
剪布	lian⁵⁵ pɔ⁴¹	买布
丑头	tuʔ⁵ thau²⁴	点头
越头	uat²⁴ thau²⁴	回头
步辇	pɔ⁴¹ lian⁵⁵	步行
跋倒	puaʔ²⁴ to⁰	跌倒
倒头栽	to⁴¹ thau²⁴ tsai³³	倒栽葱

相拍	sa³³ phaʔ⁵	打架
拄着	tu⁵⁵ tioʔ⁰	碰上
苦毒	khɔ⁵⁵ tɔk²⁴	虐待
泻败	sia⁴¹ pai⁴¹	败坏，玷污
练仙	lian⁴¹ sian³³	聊天
七说八说	tshit⁵ səʔ⁵ pueʔ⁵ səʔ⁵	胡说八道
阿咾	o³³ lo⁵⁵	称赞
褒罗嗦	po³³ lo³³ so³³	赞扬；奉承
数念	siau⁴¹ liam⁴¹	想念
参详	tsham³³ siɔŋ²⁴	商量，商议
论算	lun⁴¹ sŋ⁴¹	按理说，论理
照说	tsiau⁴¹ səʔ⁵	
照起工	tsiau⁴¹ khi⁵⁵ kaŋ³³	按规矩
缚条件	pak²⁴ tiau²⁴ kiã²²	（事先）谈好条件
数想	siau⁴¹ siũ²²	梦想，算计
偷食步	thau³³ tsiaʔ²⁴ pɔ⁴¹	耍滑；偷巧
激心	kiak⁵ sim³³	伤心
吞忍	thun³³ lun⁵⁵	忍受
擘腹	peʔ⁵ pak⁵	焦虑
相捌	sa³³ pat⁵	相识
尊存	tsun³³ tshun²⁴	尊重，敬重
教示	ka⁴¹ si⁴¹	教诲
牵成	khan³³ siŋ²⁴	栽培，扶植
致荫	ti⁴¹ im⁴¹	荫庇；使人受惠

知影	tsai^{33} iã^{55}	知道
知空	tsai^{33} khaŋ^{33}	知道内情
知死	tsai^{33} si^{55}	知道事情的严重性
唔知头	m^{41} tsai^{33} thau^{24}	不了解情况
会晓得	e^{22} hiau^{55} lit^{0}	懂，懂得
拍算	phaʔ^{5} sŋ^{41}	打算
按算	an^{41} sŋ^{41}	计划
变弄	pĩ^{41} aŋ^{41}	摆弄，捉弄
做手	tsue^{41} tshiu^{55}	
创治	tshɔŋ^{41} ti^{22}	捉弄，戏弄
创空	tshɔŋ^{41} khaŋ^{33}	暗算
设景	siat^{5} kiŋ^{55}	耍弄花样，哄骗
斗阵	tau^{41} tin^{41}	结伴
斗脚搭	tau^{41} kha^{33} taʔ^{5}	帮忙
斗心适	tau^{41} sim^{33} siak^{5}	凑趣儿
斗闹热	tau^{41} lau^{41} liat^{24}	凑热闹
斗衰旺	tau^{41} sue^{33} ɔŋ^{41}	碰运气
缠脚镇手	tĩ^{24} kha^{33} tin^{41} tshiu^{55}	碍手碍脚
道谢	tɔ^{22} sia^{41}	谢谢
费神	hui^{41} sin^{24}	（用于得到别人帮助后）
得失	tiak^{5} sit^{5}	得罪
坐理	tsə^{22} li^{55}	赔不是，认错
拼扫	piã^{41} sau^{41}	打扫
起牛	khi^{55} gu^{24}	发牛脾气

使横	sai⁵⁵ hui²⁴	逞凶横
恶妒	ɔ⁴¹ tɔ⁴¹	妒忌
怨妒	uan⁴¹ tɔ⁴¹	
交陪	kau³³ pue²⁴	交往
相借问	sa³³ tsioʔ⁵ bŋ⁴¹	打招呼
相探	sa³³ tam⁴¹	探访
相辞	sa³³ si²⁴	告别
来去	lai²⁴ khɯ⁴¹	来往
行踏	kiã²⁴ taʔ²⁴	
做大字	tsue⁴¹ tua⁴¹ li⁴¹	办出国护照
贺正	ho⁴¹ tsiã³³	拜年
喷点	phun⁴¹ tiam⁵⁵	应景，点缀
铺排	phɔ³³ pai²⁴	应酬

十二、医疗卫生

医馆	i³³ kuan⁵⁵	医院
破病	phua⁴¹ pĩ⁴¹	生病
激火	kiak⁵ hɔ̃⁵⁵	上火
漏屎	lau⁴¹ sai⁵⁵	泄肚
寒着	kuã²⁴ tioʔ⁰	着凉
热着	luaʔ²⁴ tioʔ⁰	中暑
病囝	pĩ⁴¹ kã⁵⁵	妊娠反应
流鼻	lau²⁴ phi⁴¹	流鼻涕
拍阿呛	phaʔ²⁴ a⁵⁵ tshiũ⁴¹	打喷嚏

胖风	phɔŋ⁴¹ hɔŋ³³	肚子胀
胖风饱胀	phɔŋ⁴¹ hɔŋ³³ pa⁵⁵ tiũ⁴¹	
哑口	e⁵⁵ kau⁵⁵	哑巴
蛀齿	tsiu⁴¹ khi⁵⁵	龋齿
痕痀	he³³ ku³³	哮喘
含脓	kam²⁴ laŋ²⁴	化脓
胀脓	tiũ⁴¹ laŋ²⁴	
患动	huan⁴¹ tɔŋ²²	发炎
鼠憎	tshɯ⁵⁵ baŋ⁵⁵	近视
目鱼	bak²⁴ hɯ²⁴	对眼
生目针	sĩ³³ bak²⁴ tsam³³	麦粒肿
青盲	tshĩ³³ bĩ²⁴	失明；瞎
出癖	tshut²⁴ phiaʔ⁵	出麻疹
流清汗	lau²⁴ tshin⁴¹ kuã⁴¹	出冷汗
臭头	tshau⁴¹ thau²⁴	癞痢头
缺嘴	khiʔ⁵ tshui⁴¹	兔唇
臭聋	tshau⁴¹ laŋ²⁴	耳聋
臭耳聋	tshau⁴¹ hi²² laŋ²⁴	
乌暗眩	ɔ³³ am⁴¹ hin²⁴	眩晕
猴叟	kau²⁴ so⁵⁵	佝偻病
落胎	lau⁴¹ thə³³	流产
冻紫	taŋ⁴¹ tsi⁵⁵	冻疮
听筒	thiã³³ taŋ²⁴	听诊器
夹烧仔	kiap²⁴ sio³³ ã⁵⁵	药罐子

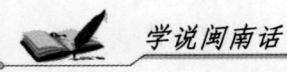

候脉	hau⁴¹ beʔ²⁴	诊脉
试热	tshi⁴¹ liat²⁴	量体温
拍针	phaʔ⁵ tsam³³	打针
甲药	kap⁵ ioʔ²⁴	买中药；抓中药
燃药	hiã²⁴ ioʔ²⁴	煎中药
药粕	ioʔ²⁴ phoʔ⁵	药渣
药饼	ioʔ²⁴ piã⁵⁵	药片
吊膏	tiau⁴¹ ko³³	膏药
嗽水	sau⁴¹ tsui⁵⁵	止咳药水
泻火	sia⁴¹ hɔ̃⁵⁵	清热

十三、文化教育

幼稚园	iũ⁴¹ ti⁴¹ hŋ²⁴	幼儿园
细班	sue⁴¹ pan³³	小班
学堂	oʔ²⁴ tŋ²⁴	学校
落课	loʔ²⁴ kho⁴¹	下课
放暇	paŋ⁴¹ he²²	放学
读册	thak²⁴ tsheʔ⁵	读书，上学
倒吊写	to⁴¹ tiau⁴¹ sia⁵⁵	倒着写
写诞	sia⁵⁵ tã⁴¹	写错
膏笔	ko³³ pit⁵	圆珠笔
铁笔	thĩʔ⁵ pit⁵	钢笔
铁笔水	thiʔ⁵ pit⁵ tsui⁵⁵	墨水
水笔	tsui⁵⁵ pit⁵	

笔塞	pit⁵ that⁵	笔帽
橡奶拭	tshiũ²² lĩ³³ tshit⁵	橡皮擦
尾名	bə⁵⁵ biã²⁴	末名
册店	tsheʔ⁵ tui⁴¹	书店
古册	kɔ⁵⁵ tsheʔ⁵	古籍；章回小说
人仔册	laŋ²⁴ ã⁵⁵ tsheʔ⁵	小人书
册纸	tsheʔ⁵ tsua⁵⁵	废旧书报
册皮	tsheʔ⁵ pə²⁴	书皮
册包	tsheʔ⁵ pau³³	书包
像册	siɔŋ²² tsheʔ⁵	影集
像簿	siɔŋ²² phɔ²²	
像底	siɔŋ²² tue⁵⁵	底片
片底	phĩ⁴¹ tue⁵⁵	
格尺	keʔ⁵ tshioʔ⁵	尺子
格孔	kiak⁵ khaŋ⁵⁵	打格子
字目	li⁴¹ bak²⁴	字眼；泛指文字
八分	pat⁵ hun³³	隶书
联对	lian²⁴ tui⁴¹	对联
拍字	phaʔ⁵ li⁴¹	打字
拍字机	phaʔ⁵ li⁴¹ ki³³	打字机
批纸	phue³³ tsua⁵⁵	信纸
批壳	phue³³ khak⁵	信封
批信	phue³³ sin⁴¹	书信；信
批筒	phue³³ taŋ²⁴	邮筒

批银	phue³³ gun²⁴	指汇出或汇到的款项

十四、娱乐活动

做艺	tsue⁴¹ gue⁴¹	消遣
佚佗	thit⁵ tho²⁴	玩耍
风吹	huaŋ³³ tshə³³	风筝
讲古	khaŋ⁵⁵ kɔ⁵⁵	说书；讲故事
装膏人	tsŋ³³ ko³³ laŋ²⁴	捏泥人
装阁	tsŋ³³ koʔ⁵	闽南民间文娱活动——化装踩街
行拳头	kiã²⁴ kun²⁴ thau²⁴	打拳
拍拳头	phaʔ⁵ kun²⁴ thau²⁴	
弄拳头	laŋ⁴¹ kun²⁴ thau²⁴	
跳索	thiau⁴¹ soʔ⁵	跳绳
行棋	kiã²⁴ ki²⁴	下棋
拔索	pueʔ²⁴ soʔ⁵	拔河
桌球	toʔ⁵ kiu²⁴	乒乓球
拍桌球	phaʔ⁵ toʔ⁵ kiu²⁴	打乒乓球
开球	khui³³ kiu²⁴	发球
跋缴	puaʔ²⁴ kiau⁵⁵	赌博
跋麻雀	puaʔ²⁴ ba²⁴ tshiɔk⁵	打麻将
插牌	tshap⁵ pai²⁴	洗牌
相输	sa³³ su³³	打赌
喝拳	huaʔ⁵ kun²⁴	猜拳

缚柴脚	pak²⁴ tsha²⁴ kha³³	踩高跷
搬戏	puã³³ hi⁴¹	演戏
戏园	hi⁴¹ hŋ²⁴	戏院
戏服	hi⁴¹ hɔk²⁴	戏装
戏出	hi⁴¹ tshut⁵	戏目
戏簿	hi⁴¹ phɔ²²	戏本，剧本
戏棚	hi⁴¹ phĩ²⁴	临时的露天戏台
戏仔	hi⁴¹ ã⁵⁵	戏子
脚数	kioʔ⁵ siau⁴¹	角色
搬嘉偶	puã³³ ka³³ lə⁵⁵	演掌偶戏
搬布袋戏	puã³³ pɔ⁴¹ tə⁴¹ hi⁴¹	演掌中木偶
搬电影	puã³³ tian⁴¹ iã⁵⁵	放电影
拆票	thiaʔ⁵ phio⁴¹	买票
弄龙	laŋ⁴¹ liŋ²⁴	舞龙
拆腿	thiaʔ⁵ thui⁵⁵	腿劈叉
泅水	siu²⁴ tsui⁵⁵	游泳

十五、工商农事

穑路	sit⁵ lɔ⁴¹	活儿
作穑	tsoʔ⁵ sit⁵	干活儿
作木	tsoʔ⁵ bak²⁴	做木匠活儿
作涂	tsoʔ⁵ thɔ²⁴	干泥水活儿
作田	tsoʔ⁵ tshan²⁴	种田
种作	tsiŋ⁴¹ tsoʔ⁵	耕种

拍铁	phaʔ⁵ thiʔ⁵	打铁
拍篾	phaʔ⁵ biʔ²⁴	编竹器
压尺	aʔ⁵ tshioʔ⁵	木工用的一种尺子
钉锤	tan³³ thui²⁴	铁锤
针车	tsam³³ tshia³³	缝纫机
车仔	tshia³³ ã⁵⁵	
生理	sŋ³³ li⁵⁵	生意
伙计	hə⁵⁵ ki⁴¹	店员
主顾	tsu⁵⁵ kɔ⁴¹	经常光顾的顾客
贩仔	huan⁴¹ ã⁵⁵	小贩
走水	tsau⁵⁵ tsui⁵⁵	跑单帮
走水的	tsau⁵⁵ tsui⁵⁵ e⁰	无固定地点、店面的商人
讨趁	tho⁵⁵ than⁴¹	谋生
抽头	thiu³³ thau²⁴	回扣
交关	kau³³ kuan³³	交易或买东西
店面	tui⁴¹ bin⁴¹	铺面
店头	tui⁴¹ thau²⁴	店铺
店口	tui⁴¹ khau⁵⁵	
纸字	tsua⁵⁵ li⁴¹	钞票
银角仔	gun²⁴ kak⁵ ã⁵⁵	硬币
所费	sɔ⁵⁵ hui⁴¹	费用
厝租	tshu⁴¹ tsɔ³³	房租
厝税	tshu⁴¹ sə⁴¹	
母钱	bu⁵⁵ tsĩ²⁴	本钱

母本	bu⁵⁵ pŋ⁵⁵	
数目	siau⁴¹ bak²⁴	账目
讨数	tho⁵⁵ siau⁴¹	要账
趁钱	than⁴¹ tsɿ²⁴	赚钱
蚀本	siʔ²⁴ pŋ⁵⁵	亏本
了本	liau⁵⁵ pŋ⁵⁵	亏本
贵数	kui⁴¹ siau⁴¹	昂贵
起价	ki⁵⁵ ke⁴¹	涨价
落价	loʔ²⁴ ke⁴¹	降价
歹价	phai⁵⁵ ke⁴¹	价格下跌
俗物	siɔk²⁴ bŋʔ²⁴	便宜货
绞米	ka⁵⁵ bi⁵⁵	碾米
沃水	ak⁵ tsui⁵⁵	浇水
落肥	loʔ²⁴ pui²⁴	施肥
沃肥	ak⁵ pui²⁴	施粪肥
讨海	tho⁵⁵ hai⁵⁵	捕鱼
掠鱼	liaʔ²⁴ hɯ²⁴	

199

后 记

　　语言是思想交流的工具，是文化传承的载体。掌握一门新语言，意味着拥有一把开启一个地区或一个民族思想文化宝库的新钥匙。从这个意义上说，文化研究，语言先行。古今中外，概莫如此。

　　作为中华文化的一朵奇葩，闽南文化的爱好者和研究者众多。我生长于闽南，从小耳濡目染当地风土人情，长期从事汉语教学与方言研究，对闽南文化自有一份深深的眷恋。2011 年，为凸显地方特色、弘扬闽南文化，我在泉州师范学院汉语国际教育专业开设《闽南文化概要》，我主编的教材于 2013 年在厦门大学出版社正式出版。此后，该课程又被列为全校性公共选修课；泉州周边的几所高校也请我为它们开设闽南文化课。学员的热情与认真感染了我，美中不足的是由于部分学员对闽南语的陌生，教学双方不同程度存在着沟通与理解上的障碍。如何让闽南文化的爱好者更加方便高效地学习闽南语，从而加深他们对闽南文化的理解、热爱、认同与传承，成为我潜藏多年的一个心结。

　　2015 年，台盟中央研究室希望"闽南文化交流研究基

后 记

地"能编写一部针对盟内以及闽南文化爱好者学习闽南方言的入门教材。在台盟中央常务副主席黄志贤和泉州师范学院副校长林华东教授的鼓励和支持下,我积极承担《学说闽南话》的编撰任务。为了使教材富有生活气息,我们从教材的角色定位到场景设置,从语言表述到音标标注,前后琢磨修改一年有余。远在北京的宋焱主任以及骆沙鸣副主席、林华东教授为教材的定调和后期的审定付出了大量心血!诸位师长一路关怀勉励,让我在砥砺前行中保持信心!

教材终于如期交付出版社排版,很快就能与学习者见面了。欣喜与放松之余仍有几分担忧与不安。一本教材的优劣,学习者是第一裁判!我们真心希望,教材能是一根拐杖,引领更多的大陆民众走进闽南文化更深、更广阔的领域!同时,我们还希望,教材能是一座桥梁,一座大陆通往世界各地的桥梁,让包括台湾和东南亚在内的世界闽南语区的民众能够感受乡音的温暖,更加方便地沟通与联系!

全国政协副主席、台盟中央主席林文漪特别重视中华优秀传统文化的传承与传播,亲自为本书撰写序言,使教材极为增色。感激之情无以言表,谨致深深的谢意!

教材吸收了厦门大学林宝卿老师等许多专家学者的观点,没有他们的研究和提示,我是很难动笔的。在此表示深深地感谢!在编写过程中,还得到同仁们的鼎力协助,台海出版社责编为这本符号繁多的教材花费了许多心血。借此机会,一并表示感谢!

教材在使用中可能会发现许多瑕疵，期待各位朋友不吝赐教，以便后期修订完善。

陈燕玲

2017年3月1日于泉州东方金典